AUSTRALIAN CATTLE DOG

von Andrea Kreusch

In Erinnerung an unsere ersten Australian Cattle Dogs:
unseren „guten Bub" Joe und unser „Mäuselein" Ayla

Impressum
Copyright © 2009 by Cadmos Verlag, Schwarzenbek
Gestaltung: Ravenstein + Partner, Verden
Satz: Grafikdesign Weber, Bremen
Titelfoto: JBTierfoto
Fotos ohne Fotonachweis: Michèle Spatschke
Lektorat: Maren Müller
Druck: Westermann Druck, Zwickau

Deutsche Nationalbibliothek – CIP-Einheitsaufnahme
Die Deutsche Nationalbibliothek verzeichnet diese Publikation
in der Deutschen Nationalbibliografie; detaillierte bibliografische
Daten sind im Internet über http://dnb.ddb.de abrufbar.

Printed in Germany
ISBN: 978-3-86127-868-9

AUSTRALIAN
CATTLE DOG

INHALT

5

Vorwort

Lassen Sie mich bitte von einem guten Bekannten berichten. Er war einer jener Charaktere, die – ohne dass sie einen entsprechenden Vorsatz gefasst hätten – an die Tugendhaftigkeit eines jeden Menschen appellieren, dem sie begegnen. Im Speziellen förderte er schon als wir die ersten Male mit ihm zusammentrafen drei gute Eigenschaften in unserer kleinen Gemeinschaft. Wir, das waren die Mitglieder des örtlichen Hundesportvereins. Und die angesprochenen guten Eigenschaften waren Sportlichkeit, Wachsamkeit und das analytische Denken. Unsere sportlichen Ambitionen brachte er auf Vordermann, indem er uns unermüdlich Tennisbälle vor die Füße warf und ausgelassen um uns herumtanzte. Im positiven Sinne misstrauisch und wachsam wurden wir, weil wir mit einer sonderbaren Serie von mehr oder weniger kriminellen Delikten konfrontiert waren. Wir ermittelten und lernten unsere Lektion: Streuselkuchen darf nicht unbewacht bleiben, oder das blau gesprenkelte Phantom schlägt zu. Ich gestehe, es fällt mir schwer zuzugeben, auf welche Art und Weise er unser analytisches Denken schulte. Stundenlang dachten wir darüber nachund tauschten uns lauthals darüber aus, wie seine Eltern ausgesehen haben könnten. Denn wir hielten ihn für einen besonders wohlgeratenen Mischling. Dabei hatte Joe eine FCI-anerkannte Ahnentafel und war ein waschechter Rassehund. Was soll's, er hatte Besseres als einen Pedigree; er hatte Freunde und Bewunderer, die sein Temperament zu schätzen wussten und ihn jedes Mal freudig begrüßten, wenn er zur Übungsstunde kam. Wer hätte anfangs gedacht, dass er so viele Prüfungen ablegen würde? Aber er war gelehrig und erfolgreich. Und er war der erste Australian Cattle Dog in unseren Gefilden. Ist es nicht großartig, dass Australian Cattle Dogs in Europa heute keine Seltenheit mehr sind? Ist es nicht ein Riesenfortschritt, dass sie weltweit ein immer besser integrierter Bestandteil des Zuchtgeschehens und Ausstellungswesens sind sowie zahlreiche Sportveranstaltungen bereichern? Ihre Liebhabergemeinde erweitert sich kontinuierlich und zugleich der Bedarf nach Information bezüglich ihrer Konstitution, ihres Verhaltens und ihrer Bedürfnisse. Umso dankbarer dürfen wir alle sein, wenn mit Andrea Kreusch eine langjährige Kennerin der Rasse uns in der vorliegenden Schrift fundiert und spannend mit ihrem Expertenwissen weiterhilft.

Prof. Dr. Peter Friedrich, Präsident des Verbandes für das Deutsche Hundewesen

Einleitung

„Was ist denn da alles drin?" – „Wie alt ist der denn? Der ist schon so grau!" – „Der hat eine Rute wie ein Waschbär." – „Guck mal, was für ein hässlicher Hund!" – „Der sieht aus wie eine Hyäne." – „Ist das ein Kampfhund?" – „Irgendwie erinnert der mich an einen Dingo." – „Sind die immer so aufgedreht?" – „Gell, die sind hier sehr selten?"

Das sind Bemerkungen, wie man sie als Besitzer von Australian Cattle Dogs sicher schon von Leuten gehört hat, die zum ersten Mal einen solchen Hund sehen. Andere, die Cattle Dogs bereits von irgendwoher kennen, wissen zu erzählen, diese Hunde seien besonders „hart im Nehmen", „stur und schwer zu erziehen", rauften gern, seien aber dafür noch „sehr ursprünglich" und hätten eine besonders robuste Gesundheit, bissen gern andere Tiere und sogar Leute in die Fersen und seien überhaupt so richtig nervige „Workaholics".

Warum Australian Cattle Dogs so „wild" aussehen und wie sie wirklich sind, versuche ich im Folgenden zu beschreiben und zu erklären; dabei orientiere ich mich in der Hauptsache am eigenen Zusammenleben mit bis heute sieben

Australian Cattle Dogs (drei Rüden und vier Hündinnen) in den letzten 16 Jahren.

Allerdings – unter Cattle Dogs findet sich eine beachtliche und auch immer wieder erstaunliche Bandbreite von unterschiedlichen Charakteren und Persönlichkeiten; es mag also durchaus sein, dass andere Menschen ganz andere Erfahrungen mit Hunden dieser Rasse gemacht haben oder machen werden.

Cattle Dogs sind immer wieder für Überraschungen gut, aber genau das finden „ihre" Menschen so genial!

Vom „Hall's Heeler"
zum Australian Cattle Dog

Die Entstehungsgeschichte kaum einer Hunde-
rasse ist so eng verwoben mit der Geschichte und
Entwicklung ihres Ursprungslandes wie die des
Australian Cattle Dog mit dem „roten Kontinent"
Australien.

(Foto: Jeff Jaquish)

Als die ersten Europäer Ende des 18. Jahrhunderts nach Australien kamen, um dort zu leben, war auf diesem Kontinent alles anders als in ihrer Heimat. Ihre Vorstellungskraft hätte kaum ausgereicht, sich Länder wie dieses auszumalen, in denen sich nicht nur Landschaft und Klima, sondern auch Vegetation und Tierwelt so stark von allem unterschieden, was sie kannten.

Diese ersten „Siedler" hatten keine Wahl – überfüllte Gefängnisse in England wurden dadurch entlastet, dass man unliebsame Insassen in die neuen Kolonien verschiffte. Je mehr Menschen jedoch in das weit entfernte Australien gebracht wurden, desto schwieriger wurde es, sie dort zu ernähren. Die Ureinwohner Australiens waren Jäger und Sammler; Landwirtschaft oder gar Viehzucht gab es auf dem riesigen Kontinent nicht, und so war es notwendig, fast alle Nahrungsmittel dorthin zu verfrachten.

Nur wenig lebendes Vieh fand auf den Segelschiffen Platz, und gepökeltes Fleisch war ein mäßiger Ersatz. Dass man die Versorgung für die stetig ansteigende Zahl der Deportierten nicht auf Dauer von England aus würde bewältigen können, war absehbar. Da kam es gelegen, dass Berichte über den fernen Kontinent mit der Zeit das Interesse freier Menschen aus den damals schnell wachsenden englischen Städten weckten. Diejenigen, die nach Australien auswandern wollten, mussten sich verpflichten, dort beim Aufbau der Landwirtschaft zu helfen. Viele von ihnen taten das gern, denn es war ohnehin ihr Wunsch, wie einst ihre Vorfahren wieder als Farmer zu leben.

Das ist die ursprüngliche Arbeit aller Treibhunde: Rinderherden auf den vom Besitzer vorgesehenen Weg zu bringen. (Foto: Peter Kreusch)

Der klimaangepasste Treibhund als wirtschaftlicher Vorteil

Mit dem Vieh brachte man selbstverständlich auch die Hunde mit nach Australien, die damals in England die Arbeit auf Viehmärkten und in Schlachthöfen verrichteten. Sie wurden Smithfields genannt – nicht weil sie einer bestimmten Rasse angehörten, sondern weil ihr bekanntester Arbeitsplatz die Smithfield Meat Markets in London waren, einer der damals größten Umschlagplätze für Schlachtvieh. Die Smithfields waren wohl zumeist recht groß und hatten wuscheliges Fell – heute würde man ihr äußeres Erscheinungsbild vielleicht als eine Mischung zwischen Bobtail und Bearded Collie beschreiben. Manche von ihnen hatten lange behaarte Ruten, andere wiederum angeborene Stummelruten. Letzteres war ein Relikt aus den Zeiten, als in England für Arbeitshunde, die durch eine kurze oder gekürzte Rute kenntlich gemacht wurden, keine Steuer zu entrichten war.

An den Anlandestellen und auf den Viehmärkten in der australischen Küstenregion verrichteten die Smithfields ihre Arbeit ebenso gut wie in ihrer englischen Heimat. Es stellte sich jedoch heraus, dass sie für das australische Landesinnere mit seinen archaischen Landschaften und hohen Temperaturen weniger geeignet waren. Ihre Schwierigkeiten zeigten sich besonders bei der Erkundung und Erschließung der schier endlosen Wege zu den unvorstellbar großen Weideflächen im australischen Hinterland. Für diese sehr langen und strapaziösen Treibstrecken waren Smithfields einfach zu schwer, zudem verfing sich die stachlige Vegetation in ihrem langen Fell, und das Klima machte ihnen so zu schaffen, dass sie ihrer Arbeit am Vieh nur noch eingeschränkt oder in vielen Fällen gar nicht mehr nachkommen konnten.

Ganz ohne die Hilfe von Hunden wäre ein Viehwirtschaft auf den riesigen Weiden zu dieser Zeit allerdings zumindest sehr beschwerlich und längst nicht so effizient möglich gewesen. Da sich Teilbereiche höchstens mühsam mit hölzernen Barrieren abtrennen ließen und es leicht

zu entrollende Zäune oder etwa Stacheldraht noch nicht gab, musste das Vieh nämlich rund um die Uhr bewacht werden. Dazu brauchte man Arbeitshunde, die gut an die Bedingungen in Australien angepasst waren.

Timmins' Biter

Einheimische Hunde, die man für die Arbeit am Vieh hätte ausbilden können, gab es auf dem neuen Kontinent nicht, aber immerhin existierten dort wild lebende Kaniden: die Dingos. Die Australienpioniere konnten sie nicht nur in der Wildnis beobachten, man sah Dingos auch oft zusammen mit Aborigine-Gruppen. Zwar züchteten und domestizierten die Ureinwohner Australiens diese Wildhunde nicht gezielt, sie zogen in ihren Lagern aber immer wieder einzelne junge Dingos auf, die durch den engen Kontakt mit den Menschen später handzahm waren. Oft folgten sie den Gruppen als erwachsene Tiere weiterhin freiwillig, waren ihnen nützlich beim Sauberhalten des Lagers und trugen zur erfolgreichen Jagd bei.

Die perfekte Angepasstheit der Dingos an das Klima und die Wildnis Australiens und die Tatsache, dass diese Hundeartigen mit dem Menschen zusammenleben und sogar kooperieren können, brachte wohl die Viehzüchter unter den neuen Siedlern auf die Idee, durch Kreuzung von Dingos und Smithfields Hunde zu „erzeugen", die besser für die Arbeit auf dem rauen Kontinent geeignet waren.

Die australischen Dingos kommen in diesen drei unterschiedlichen Farben vor. (Foto: Bradley Smith)

Der Dingo

Tausende von Jahren war der Dingo (Canis Lupus Dingo) das größte in Australien lebende Säugetier, das nicht in einem Beutel geboren wurde. Woher er tatsächlich kam und wie lange er dort schon lebt, ist noch nicht abschließend erforscht. Wissenschaftler nehmen an, dass Seefahrer vor 5000 Jahren eine kleine Gruppe dieser Tiere vom indischen Subkontinent nach Australien brachten. Diese These stützen auch neuere genetische Untersuchungen, denen zufolge Dingos von bereits domestizierten Wolfsnachfahren abstammen. Sie sind also vor langer Zeit verwilderte Haushunde.

Ihre enorme Anpassungsfähigkeit ermöglichte es diesen Hundeartigen, die gesamte Vielfalt ihres riesigen neuen Lebensraums zu nutzen. Dingos eroberten die australischen Tropen, die Küstengebiete, die Gebirge und sogar das Outback. Dabei entstanden mit der Zeit zwei Dingotypen: der sogenannte „desert type" oder „tropical type" und der „alpine type". Ersterer ist leicht gebaut und mit seinem dünnen Fell perfekt für ein Leben in den heißen Gebieten Australiens geschaffen. Den zweiten Typ zeichnen ein kräftigerer Körperbau und ein dichteres Fell mit Unterwolle aus, das ihn auch regnerische Tage in den Gebirgswäldern gut überstehen lässt.

Dingos kommen nicht nur in dem typischen Rotton „Ginger" vor. Den „alpine type" gibt es auch in Schwarz mit hellen Abzeichen, vom „desert type" existiert eine helle, fast weiße Variante. Australische Dingos werden 45 bis 60 Zentimeter groß und wiegen 10 bis 25 Kilogramm. Ihre außerordentliche Beweglichkeit macht sie zu sehr guten Jägern. Ein dingotypisches Detail ist die buschige Rute mit der weißen Spitze.

Im Gegensatz zu Wölfen bilden Dingos keine Rudel, sondern leben in einem lockeren Verband. Partnerschaften gehen sie aber oft für ein ganzes Leben ein. Sie sind stark an ihr Territorium gebunden.

Wild lebende Dingos bellen nicht (obgleich sie das in Gefangenschaft lernen können), sondern kommunizieren über vielfältige Heullaute.

Den ersten Zuchtversuch in dieser Richtung unternahm wahrscheinlich ein „Drover" (so nennt man Viehtreiber, die große Herden über lange Strecken begleiten) namens „Old Jack" Timmins. Wie ihm dieser gelang, lässt sich heute nicht mehr nachvollziehen. Fest steht, dass es nicht einfach ist, eine Hybridverpaarung zwischen Hunden und Dingos herbeizuführen: Dingoweibchen werden nur einmal im Jahr läufig, und Dingorüden reagieren zumeist nur, während „ihre eigenen" Hündinnen läufig sind, auch auf läufige domestizierte Hündinnen. Vermutlich hatte Timmins es den Eingeborenen gleichgetan und zunächst einen weiblichen Dingo zu sich geholt, um dann gezielt einen Deckakt mit einem seiner Smithfield-Rüden zu veranlassen.

Leider eignete sich die Nachzucht aus dieser ersten Dingo-Smithfield-Verbindung nur sehr bedingt für die Arbeiten, für die sie vorgesehen war. Der spätere Name „Timmins' Biters" (Timmins' Beißer) sagt schon, wo das Problem lag – diese Hunde waren zu grob und richteten zu viel Schaden an den kostbaren Tieren der Farmer an. Zudem bellten sie gern und viel, eine Eigenschaft, die die Arbeit an den Rindern in offenem Gelände eher erschwerte als erleichterte, weil die scheuen Tiere vor den bellenden Hunden flüchteten.

Hall's Heeler

Einige Zeit später machte sich Thomas Hall, Sohn einer englischen Farmerdynastie, mit mehr Fingerspitzengefühl und wohl auch mit mehr züchterischem Wissen an die „Planung" eines australientauglichen Arbeitshundes. Zunächst verbrachte er Trockenperioden, in denen kein Viehtrieb sinnvoll war, damit, Dingos ausführlich und genau zu beobachten. Dafür hielt er auf seiner Farm selbst einige dieser Tiere, die er möglicherweise schon handzahm von Aborigines übernahm, um ihre Eigenschaften und ihr Verhalten sorgfältig zu studieren.

Thomas Hall war bald fest davon überzeugt, dass die Dingos mit ihrem idealen Körperbau und ihrer lautlosen Art zu jagen genau die richtigen Urväter für einen australischen Arbeitshund wären. Die von den Engländern mitgebrachten Treibhunde befand er hingegen für ungeeignet – ob er von dem missglückten Versuch der Verpaarung von Smithfields mit Dingos wusste, ist nicht überliefert.

Hall musste nun also nach Hunden suchen, die seiner angestrebten Neuzüchtung die gewünschten Eigenschaften für die Arbeit am Vieh vererben könnten. Er begann, sich unter Englands Hunderassen nach Spezialisten in Sachen Rindertreiben umzusehen, die sich auch ihrem Äußeren nach für schwieriges australisches Gelände eigneten. Von seinen Eltern erfuhr er, dass in der Heimat verbliebene Mitglieder der Großfamilie Hall auf ihren Farmen in Northumberland Hunde zur Arbeit an Rindern einsetzten, die seiner Vorstellung nahekamen. Es handelte sich um eine von den Halls gezüchtete Variante der sogenannten „Cur Dogs" mit kurzem, eng anliegendem Fell und oftmals einer angeborenen Stummelrute. Sie galten als besonders schnell, mutig

Durch leichtes Zwicken in die Fesseln, Heelen genannt, verschaffen sich treibende Cattle Dogs Respekt beim Vieh. Ihre Körperhaltung ist dabei stark geduckt, um ausschlagenden Rinderhufen möglichst wenig Angriffsfläche zu bieten. (Foto: Jeff Jaquish)

und ausdauernd, und sie hatten einen natürlichen Hang zum „Heelen", dem Zwicken in die Fesseln der zu hütenden Tiere, um diese voranzutreiben. Einige dieser „Blue Merle Northumberland Drover's Dogs" ließ er 1830 per Schiff nach Australien bringen. Ihren Namen verdanken die Ahnen der heutigen Cattle Dogs übrigens lediglich ihrer blau marmorierten (engl. „blue merle") Färbung. Das heute bei vielen Hunderassen bekannte und für eine ähnliche Färbung verantwortliche „Merle-Gen" trugen die Drover's Dogs nicht in sich, und auch bei der Farbe ihrer Nachfahren spielt es keine Rolle, obwohl dies oft fälschlicherweise angenommen wird.

Leider ist nicht überliefert, wie Thomas Hall seinen Plan vom ideal an die australischen Verhältnisse angepassten Treibhund tatsächlich umsetzte. Fest steht, dass er Dingos mit Drover's Dogs verpaarte und dabei seine Zuchtziele wahrscheinlich sehr direkt und kompromisslos verfolgte. Alle Nachkommen, die nicht seinen sehr konkreten Vorstellungen entsprachen, hatten vermutlich keine Chance in seinem Zuchtprogramm.

Aus den Hall'schen Chroniken geht hervor, dass Thomas trotzdem bereits um das Jahr 1840 über recht viele hervorragende selbst gezüchtete Hunde verfügte, die ihm beim Treiben der Rinder über die langen Wege vom Landesinneren zu den

Ein gingerfarbener Dingo ...
(Foto: Bradley Smith)

... und ein roter Australian Cattle Dog. Die Ähnlichkeit zu
seinem wilden Vorfahren ist hier gut zu erkennen.
(Foto: Andrea Schäfer)

Viehmärkten an der Küste enorme Vorteile gegenüber den anderen Rinderfarmern einbrachten. Nur mit der Hilfe dieser Hunde, die bald auf allen Farmen der Halls in großer Zahl arbeiteten und gezüchtet wurden, konnte die Familie Hall in den nächsten Jahren ihren Besitz und ihren Rinderbestand so enorm vergrößern, dass sie zu den größten australischen Rinderfarmern ihrer Zeit zählte.

Die Hall'schen Hunde taten ihre Arbeit an den Rindern so perfekt und kooperierten so gut mit den berittenen Stockmen, dass sie von Farmern in ganz Australien sehr geschätzt wurden und überall begehrt waren. Dennoch wurden sie drei Jahrzehnte lang nur auf den Besitztümern der

Halls gezüchtet und ausschließlich an Drover oder Farmer im Dienst des Hall'schen Rinderimperiums weitergegeben, was ihnen landläufig den Namen Hall's Heeler einbrachte.

Erst nachdem im Jahr 1870 Thomas Hall und ein Jahr später sein Bruder William starben, wurden Hall's Heeler durch die Versteigerung des Hall'schen Besitzes auch für andere Farmer sowie für Schlachthofbesitzer in den Städten verfügbar. Unter Bezeichnungen wie „Queensland Heeler", „Australian Heeler", „Red Heeler" und „Blue Heeler" leisteten sie ihren neuen Herren gute Dienste.

Heute steht fest, dass diese Hunde wesentlich zu der rasanten positiven Entwicklung der Rinderindustrie auf dem fünften Kontinent beitrugen. Ihre Arbeitseigenschaften waren in den Augen vieler Viehbesitzer so wertvoll, dass auch nach 1870 darauf geachtet wurde, die Hall'schen Zuchtlinien nicht durch Einkreuzung anderer Hunde zu verfälschen. Berichten zufolge glaubte man allerdings lange Zeit, dass es für den Erhalt des typischen Heelers notwendig sei, etwa alle fünf Generationen einen Dingo einzukreuzen. Ob dies wirklich geschah, lässt sich nicht nachprüfen, denn es gibt darüber keinerlei Aufzeichnungen.

Robert Kaleski und sein Einsatz für die Zucht des Australian Cattle Dogs

Der Mann, durch den die Rindertreibhunde der Familie Hall schließlich zur international als „Australian Cattle Dog" bekannten Hunderasse wurden, war der 1877 geborene Robert Kaleski. Er hatte diese Hunde bereits in jungen Jahren bei seiner Arbeit als Stockman kennengelernt. In der ersten Hälfte des 20. Jahrhunderts wurde er als kynologischer Fachjournalist bekannt und schrieb unzählige Zeitungsartikel sowie einige Bücher über die Arbeitshunde Australiens.

Wie sehr Kaleski Cattle Dogs schätzte, kommt in folgender Anekdote zum Ausdruck: Zufällig kam Kaleski hinzu, als zwei andere Stockmen mit ihren Hunden, keine Cattle Dogs, erfolglos versuchten, ein widerspenstiges Rind aus einem Schlammloch zurück zu seiner Herde zu treiben.

Kaleski schickte seine Cattle Dogs los, die diesem Tier sofort Respekt einflößten und es auf sein Kommando sogar mehrmals aus dem Schlamm und wieder hineintrieben. Weitererzählen zu können, dass die beiden Stockmen danach einen Cattle-Dog-Welpen bei ihm bestellten, bereitete Kaleski offensichtlich große Genugtuung.

Robert Kaleskis Engagement ging so weit, dass er im Jahr 1903 den ersten Rassestandard für Cattle Dogs erstellte. Obwohl man Kaleskis Vorstellungen kontrovers diskutierte, wurde dieser Standard veröffentlicht und schließlich sogar vom „Kennel Club of New South Wales" als gültiger Standard für den Ausstellungsring angenommen. Alle darauf folgenden Rassestandards für Australian Cattle Dogs haben sich seither an dem orientiert, was Kaleski als typische Eigenschaften dieser Rasse beschrieben hatte.

Der verhältnismäßig kleine Cattle Dog stoppt ein widerspenstiges Rind. Das gelingt nur mit vollem Körpereinsatz und enormer Willensstärke. (Foto: Jeff Jaquish)

In seinem 1914 veröffentlichten Buch „Australian Barkers and Biters" widmet Kaleski dem Cattle Dog ein ganzes Kapitel, in dem er ihn begeistert als „nicht jagenden, nur an der Arbeit mit Rindern und Pferden interessierten Hund" beschreibt. Er weist darauf hin, dass ohne diese Hunde das Nahrungsmittel Fleisch in Australien sicher „doppelt so teuer wäre", denn, so schreibt Kaleski: „Die Arbeit an Viehherden ohne sie wäre wirklich sehr kostenintensiv. Normalerweise ersetzt ein Cattle Dog schon die Arbeitskraft von zwei Männern, aber im rauen Gelände könnte sogar ein Dutzend Männer seine Fähigkeiten nicht ersetzen. Er geht dort ohne jede Mühe an alle sogar für Reiter unzugängliche Stellen, und zwar so schnell wie der Blitz."

Kaleski war es auch, der um 1926 die von der übrigen Hundewelt, zunächst ohne sie zu hinterfragen, übernommene These aufstellte, es seien durch das Einkreuzen von Dalmatinern und Kelpies „Verbesserungen" an der Rasse vorgenommen worden: Der Dalmatiner habe als Kutschenbegleithund dem Australian Cattle Dog die Sympathie für Pferde gegeben und der Kelpie habe Hüteeigenschaften beigesteuert. Diese These lässt sich heute nicht mehr halten. Das für die Punkte der Dalmatiner verantwortliche Gen konnte bei Cattle Dogs nicht nachgewiesen werden, und die ersten Kelpies kamen erst um 1870 von England nach Australien. Zu dieser Zeit waren Hall's Heeler dort bereits seit über 30 Jahren als ideale Hüte- und Treibhunde etabliert und arbeiteten genauso lange schon eng mit Reiter und Pferd zusammen. Man nimmt inzwischen

an, dass Kaleski versucht hatte, das besondere Aussehen der Australian Cattle Dogs „werbewirksam" zu erklären – da boten sich für das gepunktete Fell das Bild des Dalmatiners und für die lohfarbenen Abzeichen das vieler Kelpies an, beides Hunderassen mit Eigenschaften, die Kaleski auch bei Cattle Dogs für wünschenswert und verkaufsfördernd hielt.

„Blue Heeler" – eine bleibende Qualitätsbezeichnung

Ab Anfang des 20. Jahrhunderts scheint es, als habe sich das Interesse an Cattle Dogs in ihrem Ursprungsland immer mehr auf die Zucht von Hunden konzentriert, die Erfolge auf Ausstellungen in den Städten Brisbane und Sydney bringen sollten. Man darf allerdings nicht vergessen, dass diese damaligen Veranstaltungen keine reinen Schönheitswettbewerbe waren und ebenso wenig dem bloßen Vergnügen der Hundeaussteller und Züchter dienten. Sie alle waren als eine Art Landwirtschaftsmesse konzipiert, auf der man landwirtschaftliches Gerät ebenso begutachten und erwerben konnte wie Vieh und die dazugehörigen Hunde. Die ausstellenden Cattle-Dog-Züchter hatten nach wie vor großes Interesse daran, dass ihre Hunde von Viehbesitzern, die solche Ausstellungen als potenzielle Kunden besuchten, beachtet und gekauft wurden. Belegt ist auch, dass in der Stadt lebende Cattle-Dog-Züchter Arbeitshunde vom Land in

Ein typisches Bild für das ländliche „Down Under": Die beiden Cattle Dogs bewachen nicht nur den Pick-up, sondern auch seine Ladung.

ihre Zuchtprogramme aufnahmen und dass Farmer bei diesen städtischen Züchtern wiederum Cattle Dogs für die Rinderarbeit in ihrem Betrieb erwarben.

Gleichzeitig hielt aber natürlich auch in Australien der Fortschritt Einzug. Zäune erleichterten die Viehhaltung, und neue technische Errungenschaften wie die Eisenbahn, Straßen, motorisierte Viehtransporter und später Geländemotorräder, Quads oder sogar Helikopter machten Viehtrieb und -transporte immer weniger beschwerlich. Zwar sieht man nach wie vor Bilder von Australian Cattle Dogs bei der Arbeit auf Rinderfarmen, allerdings reiten diese seltener quer über dem Pferde-

rücken liegend mit, sondern begleiten den modernen Stockman auf dem Tank seines Motorrads sitzend. Berichten zufolge gehören Cattle Dogs auch hin und wieder zur Besatzung der beim Viehtrieb eingesetzten Hubschrauber. Ihre Aufgabe ist es, Rinder, die sich im Dickicht vor dem lärmenden Flugobjekt verstecken, auf die „gute alte Art" herauszutreiben.

Die große Zeit der arbeitenden Australian Cattle Dogs ist auf dem fünften Kontinent dennoch unwiederbringlich vorbei. Was bleibt, ist der Eindruck, den diese Hunde dort hinterlassen haben. Noch heute steht die Bezeichnung „Blue Heeler" oder „Blue Dog" für besondere australische

Qualität; sie ist der Inbegriff für Arbeitswille, Härte, Sensibilität und Loyalität. In Australien tragen Motels, Bars, Bier, Schuhe, Jeans und zahlreiche Unternehmen den Blue Heeler in ihrem Namen, und noch immer sind auf der Ladefläche eines Utes (ein dem Pick-up ähnelndes Gefährt) sitzende Blue Heeler ein typisches Motiv für das ländliche „Down Under". Die kleine Stadt Muswellbrook im Upper Hunter Valley hat dem Blue Heeler sogar eine überlebensgroße Statue errichtet. Sie soll darauf aufmerksam machen, dass diese Gegend, die natürlich „Blue Heeler Country" heißt, die Wiege der berühmten australischen Hunderasse ist. Selbst das örtliche Rugbyteam nennt sich „Blue Heelers".

Man darf also zuversichtlich sein, dass Australian Cattle Dogs in ihrem Ursprungsland weiterhin einen Platz im alltäglichen Leben einnehmen werden. In vielen anderen Ländern auf der ganzen Welt ist der Cattle Dog gerade dabei, sich in den Herzen der Hundeliebhaber einen ähnlich festen Platz zu erobern.

Die heutige Verbreitung des Australian Cattle Dogs

Betrachtet man die Zahl der jährlich offiziell registrierten Welpen, stehen Australian Cattle Dogs in ihrem Ursprungsland hinter vermeintlich pflegeleichteren Rassen und Moderassen zurück. Allerdings belegten sie im Jahr 2008 in der Gruppe der Arbeitshunde, der sogenannten „Working Dog Group", mit immerhin 1118 Welpen den dritten Platz in der Statistik des Australian National Kennel Council. Diese Zahl hat sich seit zehn Jahren kaum verändert. Setzt man sie ins Verhältnis zu der relativ geringen Einwohnerzahl Australiens, stellt man fest, dass Cattle Dogs in ihrer Heimat nach wie vor recht beliebt sind.

Der erste Australian Cattle Dog Club außerhalb Australiens wurde 1967 in den USA gegründet. 1980 erkannte der American Kennel Club (AKC) die Rasse an und ließ sie zu seinen Ausstellungen zu; seit 1983 werden Australian Cattle Dogs im AKC in der „Herding Group" geführt. Heute repräsentiert der dem AKC angeschlossene „Australian Cattle Dog Club of America" die züchterisch und hundesportlich sehr aktive Australian-Cattle-Dog-Szene der USA.

Um 1970 kamen die ersten Australian Cattle Dogs nach Europa, wo sie zunächst Freunde in Schweden, Großbritannien, den Niederlanden und Deutschland fanden. Inzwischen sind Cattle Dogs fast überall auf dem europäischen Kontinent zu finden. Mittlerweile gibt es in Deutschland einen dem Verband für das Deutsche Hundewesen (VDH) angeschlossenen Verein, der diese Rasse betreut: den Australian Cattle Dog Club Deutschland e. V. Die Mitglieder des Vereins bemühen sich darum, gesunde und gut sozialisierte Cattle Dogs nach dem gültigen Rassestandard der FCI (Fédération Cynologique Internationale) zu züchten. In Deutschland hat sich die Zahl der in das Zuchtbuch des VDH eingetragenen Cattle-Dog-Welpen von nur 42 im Jahr 1998 auf immerhin 133 im Jahr 2007 zwar nicht drastisch, aber doch stetig erhöht.

Ein **Hund** mit außergewöhnlichem Erscheinungsbild und starkem Charakter

Der Australian Cattle Dog ist ein Hund, der zu einem ganz bestimmten Zweck „geplant und gebaut" wurde: als effektiver Helfer bei der Arbeit mit Rindern in den endlosen Weiten des australischen Outbacks.

Nicht nur sein Körperbau, sondern auch sein Fell, seine Farbe und vor allem natürlich sein Charakter machen ihn zum optimalen Hund für diese Aufgabe.

Als mittelgroßer Hund mit starkem Knochenbau und – insbesondere an der Hinterhand – sehr gut entwickelter Muskulatur war und ist der Cattle Dog körperlich ideal geeignet für die anstrengende und nicht ungefährliche Arbeit an Rindern. Sein glattes, eng anliegendes Haarkleid kann je nach Temperatur mit mehr oder weniger Unterwolle „aufgepolstert" sein, es hat die richtige Länge, um seinen Körper vor Dornen oder scharfen Gräsern zu schützen, ohne dabei zu verfilzen oder sich im Gestrüpp zu verfangen. Die Pfoten sind gut geschlossen, mit dicken Sohlenpolstern zum Schutz vor Verletzungen in rauem Gelände. Die weiße Stichelung des Fells wurde gezielt gefördert – sie bietet hervorragenden Schutz gegen die intensive Sonne, indem sie die Strahlen reflektiert.

Die besonders starke Sonneneinstrahlung auf dem fünften Kontinent mag auch der Grund dafür sein, dass laut Rassestandard bei blauen Cattle Dogs möglichst keine völlig schwarzen Flecken am Rumpf, sogenannte „Platten", vorkommen sollen. An diesen Stellen fehlt der natürliche Sonnenschutz durch die Stichelung, was sie zu unerwünschten Wärmespeichern macht.

Die Farben – Red und Blue in immer neuen, individuellen Variationen

Australian-Cattle-Dog-Welpen werden mit überwiegend weißem Fell geboren. Nur dort, wo sich im Gesicht die Masken oder am Körper eventuell

Noch ist das Fell dieser fünf Tage alten Cattle-Dog-Welpen überwiegend schneeweiß. Nur die bereits sichtbaren Masken oder Körperflecken lassen die spätere Farbe erahnen.

Bei diesen drei Wochen alten Welpen kann man die Färbung schon erkennen – der rechte Welpe wird zu einem blauen Cattle Dog heranwachsen, die beiden anderen werden eine rote Farbe bekommen.

vorkommende Platten befinden, ist schon zu erahnen, welche Farbe der kleine Cattle Dog später einmal haben wird – diese Stellen erscheinen schon mehr oder weniger rot beziehungsweise blau.

Die Veranlagung für die blaue Farbe wird bei Cattle Dogs autosomal rezessiv (b) und die für die rote Farbe dominant (R) vererbt, das bedeutet, dass ein Cattle Dog, der sowohl ein Gen für Blau als auch eines für Rot vererbt bekommen hat (Rb), immer rot sein wird, weil das Gen für Rot das Gen für Blau überlagert. Ein blauer Cattle Dog trägt hingegen immer zwei Gene für Blau (bb) in sich.

Blau-blaue Cattle-Dog-Verpaarungen können also immer nur blaue (bb) Welpen bringen, aus blau-roten Verpaarungen kann es Welpen in beiden Farben (Rb oder bb) geben, je nachdem, ob der rote Elternteil reinerbig (RR) oder mischerbig (Rb) rot ist. Verpaarungen von roten Hunden bringen nur dann blaue Nachkommen, wenn beide Elterntiere mischerbig rot (Rb x Rb) sind und jeweils ihr rezessives Gen für die blaue Farbe an den Welpen weitergeben. Ist eines der Elterntiere reinerbig rot (RR), dann sind ganz sicher alle Welpen rot, denn ganz gleich, ob der Deckpartner blau oder rot war, werden sie alle zumindest ein dominantes Gen für Rot von dem reinerbigen Elternteil bekommen. Sind beide Elternteile reinerbig rot, kann es selbstverständlich nur rote Nachkommen geben. Rote und blaue Cattle Dogs dürfen übrigens unabhängig von ihrer

Jeder Cattle Dog ist sichtlich ein Unikat. Dafür sorgt nicht zuletzt der individuell ausgeprägte weiße Bentley Star auf der Stirn. (Foto: Andrea Schäfer)

Farbe miteinander verpaart werden, und auch bei Ausstellungen werden Hunde beider Farbschläge gemeinsam gerichtet.

Das von den Drover's Dogs ererbte sogenannte „Ticking Gen" (Stichelhaar-Gen) sorgt erst etwa zwei Wochen nach der Geburt dafür, dass der zunächst gleichmäßig weiße Pelz nach und nach mit roten oder blauen Haaren durchsetzt wird.

Jeder Cattle Dog entwickelt sich mit der Zeit zum Unikat: in Rot oder Blau, mit mehr oder weniger Stichelhaaren, mit größeren oder kleineren Stichelhaarinseln, mit hellerem oder dunklerem Grundhaar sowie, allerdings nur bei den blauen Cattle Dogs, individuellen lohfarbenen Abzeichen an Kopf, Brust oder Läufen. Bei der Farbausprägung spielen viele verschiedene Gene in unterschiedlichsten Kombinationen eine Rolle.

Je nach Verteilung der Stichelhaare wird die Farbe des erwachsenen Cattle Dogs als „red" oder „blue" (Rotbraun beziehungsweise Blau mit gleichmäßiger Stichelung), „red speckled" oder „blue speckled" (Rot beziehungsweise Blau mit größeren weißen Tupfen) oder auch als „mottled" (hell mit roten oder blauen Tupfen) bezeichnet.

Das Tüpfelchen auf dem I der Individualität ist der sogenannte Bentley Star, kurz Bentley genannt. Von diesem weißen Fleck wird gesagt, dass ihn jeder Australian Cattle Dog seit „Bentley's Dog" – ein von Kaleski beschriebener herausragender Vorfahre aller Cattle Dogs – auf der Stirn hat. Die Ausprägungen reichen von einer ganz kleinen Ansammlung weißer Haare über einen großen weißen Fleck (Patch) bis hin zu einem komplexen weißen „Sternensystem".

Größe, Knochenbau und Muskulatur machen den Heeler so perfekt

Der Australian Cattle Dog hat die ideale Größe für ein ausdauerndes und wendiges Arbeiten an Rindern oder auch an anderem Vieh. Dank seiner geringen Körperhöhe – erlaubt sind maximal 51 Zentimeter – kann er schlagenden Rinderhufen sehr gut ausweichen oder auch zum Heelen „unter die Rinder tauchen", eine Technik, die ebenfalls vor Verletzungen durch das Vieh schützt. Sein muskulöser Körperbau ermöglicht ihm schnelle Spurts genauso wie abruptes Abstoppen oder auch das Laufen enger Kurven, wobei ihm seine buschige Rute in beeindruckender Weise als Balancierstange dient.

Cattle Dogs können harten Hufschlägen bei der engen Arbeit am Vieh nicht nur bestens ausweichen; falls doch einmal etwas schiefgeht, bietet ihr starker Kiefer mit den besonders fest und dick bemuskelten Wangen einen Extraschutz für den Kopf. Das Scherengebiss mit den gut entwickelten Schneidezähnen eignet sich hervorragend zum Heelen.

Eine gut proportionierte junge Cattle-Dog-Hündin. (Foto: Karin Schmidt)

Der FCI-Rassestandard
(Von der Autorin gekürzt)

Der Australian National Kennel Council (ANKC) ist Mitglied der FCI – der nachfolgende Standard Nr. 287 gilt für diese Rasse also im Ursprungsland des Australian Cattle Dog ebenso wie in jedem anderen der FCI angeschlossenen Land.

Ursprung:
Australien, Publikation des gültigen Originalstandards: 15.09.1989

Verwendung:
Hüten und Treiben von Vieh.
Klassifikation FCI: Gruppe 1 Hüte- und Treibhunde, Sektion 2 Treibhunde.
Ohne Arbeitsprüfung.

Allgemeines Erscheinungsbild:
Das eines kräftigen, kompakten und symmetrisch gebauten Gebrauchshundes. Die Vereinigung von Substanz, Kraft, Ausgewogenheit und leistungsfähiger, starker Muskulatur muss den Eindruck von großer Beweglichkeit, Kraft und Ausdauer erwecken. Anzeichen von Schwerfälligkeit oder Schwächlichkeit sind schwere Fehler.
Verhalten/Charakter: Trotz seines natürlichen Misstrauens gegenüber Fremden muss er, besonders im Ausstellungsring, umgänglich sein.
Jedes Merkmal, das die Arbeitsfähigkeit des Hundes beeinträchtigen könnte, muss als schwerer Fehler angesehen werden.

Kopf:
Kräftig, harmonisch ausgewogen zu den Proportionen des Hundes.
Schädel: Breit, zwischen den Ohren leicht gewölbt. Stop: Leicht, aber deutlich.

Nasenschwamm: Schwarz.
Fang: Breit, zur Nase hin schmaler werdend; mittellanger, tiefer, kraftvoller Fang, die obere Linie verläuft zu der des Schädels parallel.
Lefzen: Straff anliegend, glatt.
Kiefer/Zähne: Der Kiefer ist kräftig, tief, gut entwickelt. Die Zähne sind gesund, kräftig, regelmäßig eingesetzt; Scherengebiss.
Backen: Muskulös.
Augen: Dunkelbraun, oval, mittelgroß; Wachsamkeit und Intelligenz ausdrückend.
Ohren: Mäßig groß, vorzugsweise eher klein, am Ansatz breit, muskulös, aufrecht stehend, mäßig zugespitzt, weit auseinander angesetzt und nach außen geneigt. Die Ohrmuschel ist dick, ihre Innenseite gut behaart.

Hals:
Sehr kräftig, muskulös, zum Körper hin breiter werdend, ohne Wamme.

Körper:
Seine Länge ist in gerader Linie von der Brustbeinspitze zum Sitzbeinhöcker gemessen größer als die Widerristhöhe in einem Verhältnis 10 zu 9. Die Oberlinie ist horizontal.
Rücken: Kräftig.
Lende: Breit, stark und muskulös.
Kruppe: Lang und abfallend.
Brust: Tief, muskulös, mäßig breit.
Rippen: Gut gerundet, weit nach hinten reichend, nicht tonnenförmig.
Flanken: Tief.
Rute: Mäßig tief angesetzt; bis zum Sprunggelenk reichend. In der Ruhe in sehr leichtem Bogen herabhängend, sehr buschig behaart.

Gliedmaßen:
Vorderhand: Die Vorderläufe haben starke, runde

Knochen, sie stehen gerade und parallel.

Schultern: Kräftige Schulterblätter, schräg gelagert und mit dem Oberarm einen guten Winkel bildend. Obwohl sie gut bemuskelt sind und ihre Knochensubstanz kräftig ist, würden überladene Schultern und schwere Fronten eine korrekte Bewegung verhindern und die Arbeitstüchtigkeit einschränken.

Vordermittelfuß: Elastisch, mit dem Unterarm einen leichten Winkel bildend.

Hinterhand: Breit, kräftig und muskulös. Von hinten gesehen sind die Hinterläufe gerade und stehen parallel.

Oberschenkel: Lang, breit und gut entwickelt.

Knie: Gut gewinkelt.

Sprunggelenk: Kräftig, tief stehend.

Pfoten: Rund, die Zehen kurz, kräftig, gut gewölbt und eng zusammengefügt, die Ballen strapazierfähig und dick, die Krallen kurz und kräftig.

Gangwerk: Geradlinig, frei, geschmeidig, unermüdlich; die Bewegung der Schultern und der Vorderläufe steht im Einklang mit dem kräftigen Schub der Hinterhand. Die Fähigkeit zu raschen und plötzlichen Bewegungen ist von wesentlicher Bedeutung. Gesundheit und Leistungsfähigkeit sind von überragender Wichtigkeit. Steifheit in der Bewegung, beladene, lose oder steile Schultern, Schwäche in den Ellenbogen, den Fesseln oder den Pfoten, steile Kniegelenke sowie Kuhhessigkeit oder Fassbeinigkeit müssen als schwere Fehler eingestuft werden.

Haarkleid:

Haar: Glattes, doppeltes Haarkleid mit kurzer dichter Unterwolle. Dichtes Deckhaar, das einzelne Haar ist gerade, hart und flach anliegend, unter dem Körper bis zu den Hinterseiten der Läufe länger und bildet an den Oberschenkeln eine angedeutete Hose. Kopf, Innenseite der Ohren, Vorderseiten der Läufe und die Pfoten sind kurz behaart. Längs des Halses ist es länger und dicker. Sowohl zu kurzes als auch zu langes Haar ist ein Fehler. Das Haar auf dem Körper sollte zwischen 2,5 bis 4 cm lang sein.

Farbe:

Blau: Die Farbe sollte Blau, Blau getüpfelt oder Blau gesprenkelt sein, mit oder ohne andere Abzeichen. Erlaubt sind am Kopf schwarze, blaue oder lohfarbene Abzeichen, vorzugsweise in gleichmäßiger Verteilung. Die Vorderläufe sind bis zur Mitte lohfarben; die Lohfarbe erstreckt sich an der Front über die Brust und die Kehle und findet sich auch an den Kiefern. Die Hinterhand zeigt Lohfarbe an der Innenseite der Läufe und der Oberschenkel; sie verläuft von dort über die Knie und die Vorderseiten der Läufe bis zu den Sprunggelenken, von wo aus auch die Außenseiten der Läufe bis hinunter zu den Zehen lohfarben sind. Schwarze Flecken am Körper sind nicht erwünscht.

Rot gesprenkelt: Die Farbe besteht aus gleichmäßiger und überall gut verteilter roter Tüpfelung, einschließlich der Unterwolle (weder Weiß noch Cremefarben), mit oder ohne dunklere rote Abzeichen am Kopf. Gleichmäßig verteilte Abzeichen am Kopf sind erwünscht. Rote Flecken am Körper sind zulässig, aber nicht erwünscht.

Größe:

Rüden 46–51 cm.

Hündinnen 43–48 cm.

Fehler: Jede Abweichung von den vorgenannten Punkten muss als Fehler angesehen werden, dessen Bewertung in genauem Verhältnis zum Grad der Abweichung stehen sollte.

Hunde, die deutlich physische Abnormalitäten oder Verhaltensstörungen aufweisen, müssen disqualifiziert werden.

Ein selbstständiger, loyaler Arbeiter

Bloße Äußerlichkeiten allein machen noch keinen guten Arbeitshund aus – auch an die Ausstrahlung, das Temperament und den Charakter dieser Hunde wurden schon in der „Entwicklungsphase" die höchsten Ansprüche gestellt.

Ein Hund, der mit für seinen Besitzer wertvollen Tieren arbeiten soll, die viel größer und kräftiger sind als er selbst, muss sicher, selbstbewusst und mutig sein. Er muss aber auch leicht lernen, sich sehr gut führen lassen, eine blitzschnelle Auffassungsgabe haben, situationsgemäß ebenso schnell wie sicher reagieren können und vor allem zuverlässig sein.

Die Arbeit an Rindern erfordert zwar, dass sich der Hund selbstständig zum richtigen Zeitpunkt von hinten den gefährlichen Hufen nähert, um die Tiere voranzutreiben, und sich ebenso ihrem – unter Umständen gehörnten – Kopf entgegenstellt, um sie zu stoppen. Für den Rinderhalter ist ein Arbeitshund aber nur dann wirklich von Nutzen, wenn er möglichst keinen Schaden am Vieh anrichtet, sondern eine Sensibilität für die jeweilige Situation besitzt, seine Arbeitsaktivitäten entsprechend dosiert, gefährliche Situationen rechtzeitig erkennt und vermeidet. Zudem muss

So ein massiger Fleischrindbulle stellt für seinen Besitzer einen großen Wert dar. Carro setzt vor allem seine Präsenz ein, um ihn zu bewegen, der Einsatz der Zähne muss auf außergewöhnliche Fälle begrenzt bleiben. (Foto: Jesper Odgaard Sørensen)

er trotz aller Eigeninitiative willens sein, zu jeder Zeit für seinen Besitzer und auf dessen Anweisung zu handeln. Unkontrollierbare Hunde, die eine Rinderherde einfach nur zu ihrem eigenen Vergnügen aufmischen wollen, bringen damit nicht nur ihr eigenes Leben in Gefahr, sondern gefährden unter Umständen auch das Leben der mit den Rindern arbeitenden Menschen – manch einem wird vielleicht der Begriff „Stampede" eine Vorstellung davon geben, wie eine außer Kontrolle geratene Rinderherde aussieht und was sie anrichten kann.

Führt man sich vor Augen, dass schon auf den Viehmärkten im 19. Jahrhundert nur gesunde und möglichst schwere Rinder einen guten Preis brachten, kann man leicht nachvollziehen, dass unnötig hart und heftig agierende Hunde auch im damals „wilden" Australien von Drovern und Rinderfarmern nicht als ideale Arbeitspartner angesehen wurden.

Wie fast allen Hüte- und Treibhundrassen wird dem Cattle Dog im FCI-Standard als Charaktereigenschaft ein gewisses „Misstrauen gegenüber Fremden" zugebilligt. Zu allen Zeiten waren und sind Hüte- und Treibhunde nicht nur als Hilfen bei der Verbringung von Vieh von einem Ort zum anderen, sondern zudem als Bewacher des Viehs und der Farmen eine wichtige Unterstützung gewesen. So war in Australien auf den einsamen Stations oder beim Viehtrieb im Outback ein gesundes Misstrauen gegenüber Fremden sicher eine wichtige Eigenschaft, die man bei Hunden gern sah und nicht zuletzt zum eigenen Schutz förderte. Die Zeiten

haben sich nun jedoch gewandelt, und es zeigt sich, dass heutige Familien-Cattle-Dogs selbst zu Fremden überschwänglich freundlich sein können, sofern sie schon als Welpen die Erfahrung machen, dass dies ihrem Menschen gefällt. Trotzdem gibt es nach wie vor Cattle Dogs, die an den „Traditionen" ihrer Vorfahren festhalten und sich nicht von jedem einfach so knuddeln lassen möchten; darüber sollte man sich als Besitzer eines solchen Hundes nicht wundern.

Australian Cattle Dogs auf Ausstellungen

Dem Cattle Dog haftet ein eher rustikales Image an, und die meisten Besitzer solcher Hunde möchten sich nicht mit den Haltern „schöner" Hunderassen identifizieren. Dennoch ist es sinnvoll, diese Rasse auf Ausstellungen vorzustellen und die einzelnen Hunde von Zuchtrichtern beschreiben und bewerten zu lassen. Bereits Robert Kaleski war offensichtlich der Ansicht, dass man eine Hunderasse nur dann als solche erhalten kann, wenn die Zuchttiere von fachkundigen Menschen begutachtet werden, denen bewusst ist, warum Hunde dieser Rasse so und nicht anders aussehen sollen – sonst hätte er sich nicht die Mühe gemacht, einen ersten Standard zu verfassen, der dem Erhalt des Cattle-Dog-Typs dienen sollte, wie er ihn damals liebte und schätzte.

Auf Ausstellungen wird keineswegs nur Schönheit prämiert, die Zuchtrichter beurteilen mit ihrem fundierten Wissen die Anatomie jedes

vorgestellten Cattle Dogs. Unter anderem bewerten sie die Funktionalität seines Körperbaus und seines Gebisses im Hinblick auf die Aufgaben, die diese Rasse laut Standard ursprünglich hatte. Es wird jedem einleuchten, dass Merkmale wie die Bemuskelung, ein anatomisch korrekter Körperbau oder auch die Fähigkeit zu kraftvollem, ausdauerndem Laufen für eine Arbeitshunderasse besonders wichtig sind und bei der Zucht berücksichtigt werden müssen.

Welchen Stellenwert Ausstellungsergebnisse für den einzelnen Hundebesitzer haben, bleibt ihm selbst überlassen. Nicht jeder Australian Cattle Dog muss gleich ein „Show-Champion" werden. Es ist durchaus ebenso erfreulich, wenn ein Zuchtrichter bestätigt, dass der Hund dem Rassestandard gut, sehr gut oder gar vorzüglich entspricht; eventuelle Schönheitsdefizite gegenüber besser platzierten Hunden werden nicht selten durch besonders gute Arbeitseigenschaften oder Charakterzüge ausgeglichen.

Hundeausstellungen sind zudem immer sehr gesellige Anlässe. Dort treffen sich Australian-Cattle-Dog-Freunde, Züchter stellen ihre Hunde vor, Deckrüden können in Augenschein genommen werden, neue Kontakte werden geknüpft, alte vertieft und Neues aus der Szene wird ausgetauscht. Für Cattle-Dog-Interessierte sind Ausstellungen eine gute Gelegenheit, sich aus erster Hand über die Rasse und deren Eigenschaften zu informieren und diese Hunde einmal live zu erleben.

Australian Stumpy Tail Cattle Dog – eine eigenständige Rasse

Australian Stumpy Tail Cattle Dogs entwickelten sich neben den Australian Cattle Dogs als eigenständige Rasse, vermutlich wegen der großen Entfernungen zwischen den Cattle Stations, auf denen die begehrten Heeler gezüchtet wurden. Durch Kreuzung von Dingos mit langer Rute mit zum Teil stummelrutigen oder aber von stummelrutigen Vorfahren abstammenden englischen Drover's Dogs kamen zunächst Hall's Heeler mit und ohne Rute vor. In den Stations des Hall'schen Rinderimperiums im Norden Australiens züchtete man dann aber wohl hauptsächlich mit langrutigen Heelern, während auf den Stations im Süden bevorzugt Arbeitshunde mit Stummelrute zum Zuchteinsatz kamen.

Ein typischer Australian Stumpy Tail Cattle Dog: der einjährige Rüde „Silver Park Wanderer James Cook".
(Foto: Lidia Pietruszewska)

Auf den ersten Blick sehen sich Australian Stumpy Tail Cattle Dog und Australian Cattle Dog zum Verwechseln ähnlich. Bei näherem Hinsehen zeigen sich allerdings deutliche Unterschiede, von denen einer besonders auffällt: der von Geburt an kurze Stummelschwanz, der „Stumpy Tail". Während eine angeborene Stummelrute beim Australian Cattle Dog als zuchtausschließender Fehler gilt, ist es für einen Australian Stumpy zuchtausschließend, wenn er mit langer Rute geboren wird. Heute geht man davon aus, dass die Veranlagung zur verkürzten Rute auf einem einzigen, sich dominant vererbenden Stumpy-Gen liegt – allerdings in variabler Ausprägung, denn dieses Gen kann für Ruten unterschiedlichster Länge sorgen, von gar keiner Rute über die erwünschte Stummelrute bis zur normal langen Rute.

Auch im übrigen Körperbau unterscheiden sich die beiden Rassen: Während der Australian Cattle Dog idealerweise im Verhältnis zehn zu neun länger als hoch gebaut ist, soll der Stumpy einen quadratischen Körperbau haben, also genauso hoch wie lang sein. Der Kopf des Stumpys wird etwas feiner gewünscht als der des

Cattle Dogs, mit etwas kleineren und näher beieinanderstehenden Ohren.

Auch bei der Behaarung und der blauen Fellfarbe zeigen sich deutliche Unterschiede: Dem Stumpy fehlen die längeren Haare an den Kanten der Hinterbeine, die beim Australian Cattle Dog die sogenannten Hosen bilden, und er darf in der Farbe Blau zwar schwarze Platten am Körper haben, aber keinesfalls lohfarbene Abzeichen. Bei blauen Australian Cattle Dogs hingegen werden lohfarbene Marken vom Standard ausdrücklich gefordert.

Im Gegensatz zum Australian Cattle Dog hatte der Stumpy Tail Cattle Dog bei australischen Hundeliebhabern und Züchtern offenbar lange Jahre keine Lobby. Um 1980 drohte die Rasse auszusterben und nur einem speziellen Zuchtprogramm des Australian National Kennel Council aus dem Jahr 1988 ist es zu verdanken, dass der Australian Stumpy Tail Cattle Dog als Rasse „wiedererweckt" wurde und bis heute erhalten geblieben ist.

Im Jahr 2005 nahm die FCI den Standard für den Australian Stumpy Tail Cattle Dog mit der Nummer 351 vorläufig in ihren Rassekatalog auf.

Intelligente, agile
Gefährten
für aktive Menschen

Wer sich gern mit seinem Hund beschäftigt, Spaß daran hat, ihm immer wieder neue Dinge beizubringen und neue Aufgaben zu stellen und sich noch dazu gern zusammen mit seinem Hund bewegt, bei dem ist ein Australian Cattle Dog sicher gut aufgehoben – ob Sie Ihrem Hund lieber „nur" Kunststückchen beibringen möchten oder mit ihm einen Sport im athletischen Sinn betreiben wollen, ist dabei nebensächlich.

Australian Cattle Dogs sind als Hüte- und Treibhunde darauf spezialisiert, komplexe Zusammenhänge rasch zu erkennen und wenn nötig eigenständig zu handeln. Diese Fähigkeiten brauchen sie, um bei der Arbeit am Vieh jederzeit situationsgerecht agieren zu können. Cattle Dogs sind in der Lage, ihre Herde ständig zu beobachten und zugleich immer auch mit einem Auge und einem Ohr auf Befehle und Anweisungen ihres Menschen zu achten und diese schnellstmöglich umzusetzen. Dafür sind eine gute Kondition und ein wacher Geist erforderlich. Robert Kaleski forderte deshalb in seinem Standard, dass Australian Cattle Dogs einen breiten Kopf haben sollen,

Dieser schöne blaue Rüde hat den für Cattle Dogs typischen breiten Kopf. (Foto: Dr. Richard Maurer)

damit dort genügend Platz für ein großes „Denkzentrum" ist. In der 1994 von dem kanadischen Hundetrainer Stanley Coren durchgeführten Studie zur Intelligenz der Hunde erreichten Australian Cattle Dogs bei der IQ-Auswertung von 140 bewerteten Rassen den zehnten Rang.

Unerlässlich ist es also, dass Hunde dieser Rasse geistig und körperlich gefordert werden, wobei nach meiner Erfahrung Lernen und den „ganzen Hund" fordernde Arbeit wichtiger sind als die rein körperliche Auslastung. Unausgelastete Cattle Dogs können recht anstrengend sein. Haben diese Hunde keine Aufgabe, die ihrer Intelligenz und ihrem Tatendrang gerecht wird, suchen sie sich unter Umständen selbst Beschäftigungen – nicht immer im Sinne ihrer Besitzer.

Grundvoraussetzungen für die Haltung von Cattle Dogs

Wegen seiner mittleren Größe mag der Cattle Dog dem einen oder anderen als idealer Hund mit kleinem Platz- und Futteranspruch erscheinen. Solch ein Hund nimmt aber nicht nur Raum, sondern auch Zuwendung und Zeit in Anspruch, und zudem sind Cattle Dogs in jeder Beziehung „nur äußerlich kleine Hunde". Sie beanspruchen genauso viel – wenn nicht mehr – Aufmerksamkeit und verlangen ihren Besitzern für ihre Ausbildung genauso viel Durchsetzungsvermögen und Konsequenz ab wie Hunde größerer Rassen. Dessen sollte man sich unbedingt bewusst sein.

Alternativen zur Hütearbeit gibt es viele. Auch Tricktraining gehört dazu. Diese beiden üben den Sprung durch einen Reifen.

Hinzu kommt, dass sie wie alle Hunde auch hin und wieder bellen, dass sie manchmal schmutzig sind oder gar Haare verlieren – ein bei in der Wohnung gehaltenen Cattle Dogs besser nicht zu vernachlässigender Aspekt – und dass sie auch mal krank werden können.

Weil sie sich besonders eng an ihre Menschen anschließen wollen, ist es nicht ratsam, Cattle Dogs ständig nur im Zwinger zu halten. Auch als auf einsamem Gelände gehaltene Wachhunde sind sie nicht geeignet. Verhaltensstörungen wären die Folge.

Es ist dringend davon abzuraten, sich einen Cattle Dog lediglich zur Unterstreichung eines

bestimmten Images oder weil man die Rasse für besonders exotisch und schön hält, ins Haus zu holen. Ein Cattle Dog braucht eine Aufgabe und mindestens einen Menschen, der sich um ihn kümmert und sich intensiv auf ihn einlässt.

Wer sich einen Australian Cattle Dog anschafft, sollte sich darüber im Klaren sein, dass die meisten Cattle Dogs bei allem, was sie gern machen, vollen Einsatz bringen – eine Eigenschaft, die für den Besitzer nicht immer nur reine Freude bedeutet, sondern manchmal recht anstrengend sein kann.

Ein idealer Platz für einen Australian Cattle Dog ist sicher der, an dem man ihm eine Aufgabe bieten kann, die seine Intelligenz und seinen Drang nach körperlicher Auslastung auch tatsächlich fordert.

Wir besitzen kein Vieh – fühlt ein Cattle Dog sich bei uns trotzdem wohl?

Auch wenn der Name es auszudrücken scheint – Australian Cattle Dogs können nicht nur dort zufrieden leben, wo es Rinder gibt. Als intelligente Arbeitshunde mit schneller Auffassungsgabe kann man sie für eine breite Palette von Aufgaben gut und relativ leicht ausbilden. Wichtig ist es, dass man sich intensiv mit ihnen

beschäftigt, wobei sämtliche Hundesportarten ein adäquater Ersatz für den Einsatz am Vieh sind, auch wenn die Hütearbeit ohne Zweifel die anspruchsvollste Tätigkeit ist, die man diesen Hunden bieten kann.

Selbst Menschen, die keinen Hundesport im wörtlichen Sinn betreiben möchten oder können, werden für ihren Cattle Dog eine angemessene Beschäftigungen finden, die ihn geistig und körperlich auslastet: Bestens geeignet sind zum Beispiel lange gemeinsame Spaziergänge, die Begleitung beim Joggen, beim Fahrradfahren oder beim Reiten sowie eine Fülle von Aufgaben, die ein Hund in einem Haushalt „übernehmen" kann.

Spiele im Wasser finden die meisten Cattle Dogs richtig klasse. (Foto: Michael Schneider)

Eine Herausforderung für Hundehalter?

Australian Cattle Dogs werden immer wieder als „stur", „eigensinnig" und als „nur mit einem gewissen Druck zu erziehen" beschrieben. Unsere Erfahrungen sind anders – Cattle Dogs lernen gern und leicht, wenn man ihnen richtig deutlich macht, was man von ihnen erwartet. Haben sie einmal verstanden, was sie tun sollen, folgen sie den Anweisungen ihrer Menschen freudig. Auf übermäßigen Druck reagieren sie hingegen oft eher empfindlich. Wenn Cattle Dogs „nicht richtig hören", ist nach meinem Eindruck oft ein Kommunikationsproblem zwischen Mensch und Hund die wahre Ursache: Der Mensch glaubt, er habe seinem Hund etwas schon beigebracht, was

Bei diesen beiden stimmt die Kommunikation. Chantal und Kate sind ein tolles Team!

dieser aber noch gar nicht verstanden hat. Das liegt meist nicht an mangelnder Intelligenz oder Folgsamkeit des Hundes, sondern schlicht und einfach an der für Hunde verwirrenden Vielfalt der Signale, die Menschen unbewusst geben, wenn sie eigentlich nur eine einzige, ganz bestimmte Sache von ihrem Hund wollen. Cattle Dogs sind nämlich sehr sensible Beobachter, sie reagieren nicht erst auf Worte, sondern bereits auf die Körpersprache oder sogar feinfühlig auf Stimmungen. Das schon fast sprichwörtlich: „Mein Hund versteht jedes Wort" kann man in Bezug auf Cattle Dogs sicher anpassen in: „Mein Hund versucht, mich auch ohne Worte zu verstehen."

Wenn man zwar „Hör auf!" oder „Nein!" sagt, aber eigentlich denkt: „Das ist aber ein toller/mutiger/cleverer/lustiger Hund!", dann besteht durchaus die Gefahr, dass ein Cattle Dog nicht dem gesprochenen Wort folgt, sondern sich durch die grundsätzlich positive Stimmung des Menschen bestätigt fühlt und sein verbotenes Tun ganz unverblümt fortsetzt. Als Besitzer sollte man seinen Cattle Dog daher immer sehr konsequent behandeln, über eine gute Portion Durchsetzungsvermögen verfügen und die Fähigkeit haben, dem Vierbeiner möglichst selbstbeherrscht zu vermitteln, was man von ihm erwartet.

Cattle Dogs reagieren sehr positiv darauf, wenn ihnen ein fester Platz in der Mensch-Hund-Beziehung zugewiesen wird. Dazu muss man als Mensch keineswegs Körperkraft oder eine laute Stimme einsetzen, man kann ganz einfach auf unter Hunden übliche Signale zurückgreifen. Das Sagen hat, wer die Futterressourcen verwaltet, wer privilegierte Plätze in der Wohnung (Sofa, Bett, Fernsehsessel) für sich beansprucht, wer das Recht hat, als Erster durch eine Tür zu gehen, und wer bestimmt, wann ein Spiel beginnt und wann es endet.

Wer sich zutraut, solche Dinge im Zusammenleben mit einem Cattle Dog konsequent umzusetzen, der kann sich sogar als Hundeanfänger den Herausforderungen stellen, die sich diese Hunde für ihre Besitzer einfallen lassen; Menschen mit Hundeerfahrung, denen bewusst ist, dass Cattle Dogs in manchen Dingen eben doch „speziell" sind, haben es vielleicht nur ein bisschen leichter.

Für einen Cattle Dog eignet sich, wer gut damit leben und auch mal darüber lachen kann, dass sein Hund ...

- ... mal eben vom rollenden Bürostuhl über den Schreibtisch und das Regal klettert, um an all die tollen Dinge auf dem hohen Schrank zu kommen.

- ... aus vollem Lauf auf das schmale Mäuerchen vor dem Abgrund springt, kurz hinunterschaut und dann gelasse darauf weiterspaziert.

- ... Radieschen schält, bevor er sie frisst.

- ... sich ohne zu zögern dazwischenwirft, wenn der große Bulle oder Schafbock „seinen" Menschen bedroht.

- ... sich, nachdem eine kleine Herde Rinder über ihn getrampelt ist, aufrappelt, schüttelt und zur Tagesordnung übergeht.

- ... Laufenten sanft an ihrem langen Hals packt und sie in ihre Hütte trägt, wenn sie sich seinen Hüteversuchen widersetzen.

- ... freudig erregt in einer Tonlage bellt, die den umstehenden Menschen fast das Trommelfell sprengt (im englischsprachigen Raum nennt man diese Töne auch lautmalerisch „shriek").

- ... gar keine Langeweile hat, wenn er vor einem Aquarium sitzen und die Fische „hüten" kann.

- ... definitiv die gerade Strecke als kürzeste Verbindung zwischen zwei Orten bevorzugt, egal ob er dazu aus einem geöffneten Fenster oder vom Balkon springen, ein Distelfeld oder eine Dornenhecke durchqueren muss.

Selbstverständlich ist das noch nicht alles, auf das man als Cattle-Dog-Besitzer gefasst sein sollte – Australian Cattle Dogs sind immer für eine Überraschung gut, und genau das ist es, was ihre Menschen so an ihnen lieben.

Australian Cattle Dogs als Familienhunde

Obwohl viele Australian Cattle Dogs in und mit ganz normalen Familien leben, kann man Hunde dieser Rasse nicht als typische Familienhunde bezeichnen. Die wenigsten Cattle Dogs begnügen sich damit, einfach nur ein weiteres von mehreren Familienmitgliedern zu sein. Wie bereits

(Foto: Andrea Schäfer)

gesagt, brauchen sie „ihren" Menschen und wollen gemeinsam mit diesem etwas „arbeiten". Wenn dieser Anspruch von einem oder mehreren Familienmitgliedern erfüllt werden kann, wenn ein Cattle Dog einen festen Platz in der Familie hat und man genügend Zeit findet, sich mit ihm zu beschäftigen, ist er durchaus gut aufgehoben und kann auch ein geliebter Kamerad der Kinder werden.

Selbstverständlich sollte es sein, dass in einer Familie nicht nur der Hund so erzogen wird, dass er sich allen Familienmitgliedern gegenüber angemessen verhält; auch die Kinder sollten lernen, richtig mit dem Familienhund umzugehen, sein Verhalten zu verstehen und entsprechend zu reagieren. Besonders wichtig ist es, dass der Cattle Dog einen eigenen Platz hat, auf den er sich zurückziehen kann, wenn er seine Ruhe haben will. Diesen Rückzugsort müssen alle Familienmitglieder respektieren.

Sind kleinere Kinder in der Familie, kann es sein, dass ein Cattle Dog es als seine Aufgabe ansieht, diese besonders zu beschützen. Auch wenn dies zunächst vielleicht als positive Eigenschaft erscheinen mag, kann solches Beschützerverhalten zum Problem werden. Es ist äußerst anstrengend, jedes Mal einen aufgeregten und besorgten Hund im Auge zu behalten, wenn Freunde der Kinder zu Besuch sind oder Opa und Oma ihre Enkel herzen möchten. Daher muss ein Familien-Cattle-Dog unbedingt lernen, dass nicht er, sondern die anderen Familienmitglieder bestimmen, wer den Garten oder das Haus betreten und wer sich den Kindern nähern darf.

Kind und Hund sind tolle Spielkameraden, wenn sie den richtigen Umgang miteinander gelernt haben.
(Foto: Dr. Richard Maurer)

Bemerkt man, dass der Cattle Dog in mancher turbulenten Familiensituation wegen seiner Beschützerallüren allzu sehr in Stress gerät, sollte man ihm lieber zunächst einen ruhigen Platz zuweisen und ihn erst dann dazuholen, wenn sich die größte Aufregung gelegt hat.

Dass Cattle Dogs, wie jeder andere Hund auch, nur mit solchen Kindern ohne Aufsicht allein gelassen werden dürfen, die schon alt genug und in der Lage sind, verantwortlich und vernünftig mit einem Hund umzugehen, versteht sich von selbst.

Vom kleinen Clown
zum idealen vierbeinigen
Lebenspartner

Manchmal stellen neue Australian-Cattle-Dog-Halter von Anfang an sehr hohe Erwartungen an ihren „besonderen" Welpen. Aber auch wenn Cattle Dogs nun seit mehr als 150 Jahren von ihren Besitzern für die großartigsten Vierbeiner der Welt gehalten werden, ist ein Cattle-Dog-Welpe zunächst einfach nur ein kleiner Hund, der auch als solcher behandelt werden muss.

Als frischgebackener Welpenbesitzer sollte man erst einmal gar nichts von dem Neuankömmling verlangen, sondern ihm vielmehr genügend Zeit geben, sich an sein neues Zuhause, die neue Umgebung und die neuen Menschen zu gewöhnen. Die beste Grundlage für ein späteres harmonisches Zusammenleben mit dem vierbeinigen Familienmitglied ist das Vertrauen, das es in den ersten Lebensmonaten zu seinen Menschen ge-fasst hat. Und da geht es den Cattle-Dog Welpen wie allen anderen Lebewesen auch – Vertrauen fassen weder Mensch noch Tier über Frustration oder gar Bestrafung, sondern nur über positive Erlebnisse mit Vorbildern, die Selbstsicherheit und Stärke ausstrahlen.

Die wichtigste Voraussetzung: gute Sozialisation und Prägung schon beim Züchter

Für so temperamentvolle und selbstbewusste Hunde wie Australian Cattle Dogs ist es besonders wichtig, bei einem verantwortungsvollen Züchter zur Welt zu kommen, der seine Tiere nicht einfach nur vermehrt. Ein seriöser Cattle-Dog-Züchter sollte gut ausgewählte Verpaarungen vornehmen und genügend Zeit dafür haben, sich ganz besonders sorgsam um die Sozialisation seiner Welpen und deren Prägung auf Menschen zu kümmern.

Wenn die Mutterhündin ihre Welpen im Haus aufziehen darf, lernen die Kleinen von Anfang an den normalen Alltag kennen.

Ein guter Züchter sorgt dafür, dass seine Welpen viele positive Erfahrungen mit Menschen machen, und bietet ihnen immer wieder neue Anreize zum Spielen und zur Erprobung ihrer eigenen Fähigkeiten. So sind sie für ihr späteres Leben bestens gerüstet.

Gerade Cattle-Dog-Welpen brauchen in den ersten Lebenswochen möglichst viele Umweltreize und sollten in dieser Zeit mit allen Dingen, denen sie in ihrem späteren Leben einmal begegnen könnten, nur gute Erfahrungen machen. Welpen, die in dunklen Ställen oder in Zwingern eingesperrt ihre ersten Lebenswochen verbringen, werden nicht die gleichen Chancen haben, sich mit veränderten Lebensumständen genauso gut zurechtzufinden, wie solche, denen in diesem Lebensabschnitt die Möglichkeit geboten wird, viele verschiedene Dinge und Aspekte des normalen Alltags mit Menschen kennenzulernen.

Wer sich für einen Cattle-Dog-Welpen interessiert, sollte sich die infrage kommende Zuchtstätte unbedingt gut anschauen. Besonders wichtig ist es, darauf zu achten, wie sich die Mutterhündin und die anderen dort lebenden Hunde nicht nur dem Besuch, sondern auch dem Züchter gegenüber benehmen. Gut und vertrauensvoll mit ihren Menschen zusammenlebende Cattle Dogs zeigen sich weder besonders scheu noch aggressiv und akzeptieren, zumindest im Beisein ihres Besitzers, andere Menschen ohne Weiteres in ihrer Nähe.

Ein Australian-Cattle-Dog-Züchter, dem diese Hunde wirklich am Herzen liegen, wird selbstverständlich immer gut informiert über alles rund um die Rasse Auskunft geben und auch Probleme nicht verschweigen. Dem Interessenten wird er gern die Gesundheitszeugnisse und Ahnentafeln der Zuchthündin und des Deckrüden vorlegen. Auch wird es ihm als seriösem Züchter nicht in erster Linie darum gehen, einen Welpen um jeden Preis zu verkaufen. Er wird sich vielmehr Gedanken darüber machen, ob überhaupt, und wenn ja, welcher Welpe im Wurf seinem individuellen Temperament und Charakter nach am besten zur Lebenssituation eines Interessenten passt – und man kann nur empfehlen, bei der Auswahl des Welpen den Rat des Fachmanns zu befolgen.

Eine gute Adresse für Welpenkäufer sind Züchter, die Mitglied im Australian Cattle Dog Club Deutschland e. V. VDH/FCI sind. Diese werden von speziell ausgebildeten Zuchtwarten betreut, die schon vor dem ersten Wurf überprüfen, ob in der Zuchtstätte die Voraussetzungen für eine gute Aufzucht von Australian-Cattle-Dog-Welpen gegeben sind. Auch nach der Geburt der Welpen kontrollieren die Zuchtwarte noch mehrmals den Pflege- und Gesundheitszustand der Welpen und der Zuchthündin.

Erziehung mit Konsquenz und Ruhe – bitte von Anfang an!

Was kann ein Cattle-Dog-Welpe schon? Darauf gibt es eine einfache Antwort: So ein kleiner Hund kann schon perfekt schlafen, fressen und spielen; natürlich kann er auch schon stehen, gehen, sitzen und liegen. Was er aber noch nicht kann, ist, eine dieser „Aktionen" auf Kommando auszuführen. Auch ist er noch nicht in der Lage,

Noch ist es einfach ein lieber kleiner Hund – geduldige und konsequente Erziehung ist die Voraussetzung dafür, dass er sich auch als erwachsener Cattle Dog in unserem Alltag zurechtfindet. (Foto: Dr. Richard Maurer)

irgendetwas oder sich selbst zu beschützen oder sich Nahrung zu beschaffen. Er wird vielmehr von seinem Menschen erwarten, dass dieser ihn versorgt und beschützt.

Der Welpe weiß schon, dass „mensch" ihm sein Fressen bringt, und im Idealfall hat er bereits gelernt, dass alle Menschen freundlich sind und dass er ihnen immer absolut vertrauen kann. Vielleicht hat er sogar beim Züchter schon die Erfahrung gemacht, dass es außer Mama noch andere Hunde auf der Welt gibt, die mit einem spielen, wenn man sich ordentlich benimmt. Wie man sich benehmen muss, hat seine Mama – die das besser wusste als jeder Mensch – ihm gezeigt, und er hat bereits erfahren, dass einem als unverfrorener Welpe von einem älteren Hund auch schon mal eine Grenze gesetzt wird; so etwas kann er einordnen und wegstecken, und deshalb braucht er im Normalfall niemanden, der ihn bei Begegnungen mit anderen Hunden beschützt.

Noch eines kann ein Cattle-Dog-Welpe, meist sogar besonders gut und mit viel Begeisterung: Er kann und will lernen. Und zu lernen gibt es für einen kleinen Cattle Dog reichlich, denn auch der beste Züchter kann einen Welpen in den acht oder zehn Wochen, die er ihn bei sich zu Hause hat, nicht auf alle Eventualitäten seines späteren Lebens vorbereiten. Hier ist der neue Besitzer gefordert, seinen ganz großen Beitrag dazu zu leisten, dass aus dem Welpen ein „ordentlicher" Hund wird, der in unserer Gesellschaft seinen Platz finden kann. Bedenken sollte man dabei immer, dass aus dem niedlichen Kleinen einmal ein größerer, erwachsener, „echter" Cattle Dog wird – wenn man diesen später nicht auf dem Sofa oder im Bett ha-

ben möchte, er keine Schuhe oder Socken klauen und keine Möbel ankauen soll, dann muss ihm bereits im Welpenalter beigebracht werden, diese Tabus zu akzeptieren.

Herankommen lernen

Eines der ersten Dinge, die ein Cattle-Dog-Welpe unbedingt lernen sollte, ist, immer zu seinem Besitzer zu kommen, wenn dieser ihn ruft – das wird ihm die Freiheit bringen, auch ohne Leine laufen zu dürfen, und schützt ihn vor Gefahren, die zwar der Mensch erkennt, der kleine Hund aber noch nicht.

Jeder verspielte und verfressene junge Cattle Dog wird diese wichtige Lerneinheit ganz schnell und leicht verstehen – sein Mensch muss nur jedes Herankommen ausgiebig belohnen, entweder mit Spiel oder besser noch immer mit einem Leckerli. Niemals darf das Ankommen bei seinem Menschen für den Welpen mit etwas Unangenehmem verbunden sein.

Richtig spielen lernen

Der Cattle-Dog-Welpe muss auch lernen, wie man mit Menschen spielt, ohne mit spitzen Zähnen ihre nahezu haarlose Haut zu verletzen. Es hat keinen Zweck, einem Welpen zu verbieten, seine Zähne einzusetzen, denn ein Verbot versteht der kleine Hund noch nicht. Stattdessen bedient man sich einer ganz einfachen Methode, die erstaunliche Wirkung zeigt und der sich auch seine Geschwister bedient haben, wenn er ihnen beim Spiel wehgetan hat: Man gibt dem neuen Kameraden durch lautes Jammern zu verstehen, dass er zu weit gegangen ist. Das mag sich lustig anhören, aber es funktioniert.

Leben kleine Kinder im Haushalt, ist es ganz besonders von Vorteil, wenn der Welpe weiß, dass er seine Aktivitäten drosseln soll, wenn sein Spielpartner „Aua!" jammert.

Cattle-Dog-Welpen sollten beim Spielen keinesfalls zusätzlich „aufgepuscht" werden, sie sind von sich aus bereits temperamentvoll genug.

Die oft gestellte Frage nach für Cattle Dogs tauglichem Spielzeug ist eigentlich leicht zu beantworten – man sollte sowohl den Welpen als auch später den erwachsenen Australian Cattle Dog nur mit solchen Dingen allein spielen lassen, die kaputtgehen dürfen, ohne dass eine Gefahr für den Hund besteht und ohne bei der Wiederanschaffung ein Loch in den Geldbeutel der Besitzer zu reißen.

Für Hunde geeignetes Kauspielzeug aus dem Fachhandel, empfehlenswert sind beispielsweise Kuhhufe, sollte besonders in der Zeit, in der die jungen Hunde zahnen, immer vorrätig sein und kann dem Welpen auch zur freien Verfügung überlassen werden. Anderes Hundespielzeug wie etwa Bällchen, Plüsch- oder Quietschetiere sollten immer nur dann zum Einsatz kommen, wenn eine gemeinsame Spieleinheit auf dem Tagesprogramm steht, und danach wieder weggeräumt werden – das ist nicht nur sicherer, sondern es macht das Spiel mit dem Besitzer ganz besonders interessant.

Lernen, was man nehmen darf

Verglichen mit Welpen anderer Rassen sind kleine Cattle Dogs frühreif. Sie sind besonders unternehmungslustig und neugierig, was unweigerlich dazu führt, dass sie hin und wieder mal unerwünschte Dinge tun. In solchen Fällen ist es

Nicht alles, was in einem Haushalt zu finden ist, eignet sich als Welpenspielzeug. (Foto: Viktoria Kastner)

nicht sinnvoll, mit lauten Worten ein Verbot aus-
zusprechen. Von Hunden wird lautes Auftreten oft
nicht mit Überlegenheit oder gar Dominanz
verbunden, sondern vielmehr mit Aufregung und
Unsicherheit. Als Cattle-Dog-Besitzer, der seinem
Welpen beispielsweise einen geklauten Schuh
abnehmen oder ihn davon abhalten möchte,
die Zimmerpflanzen anzukauen, ist man besser
beraten, wenn man dem jungen Hund das betroffene Objekt vorsichtig aus dem Maul nimmt und
dabei ein ruhiges, aber bestimmtes „Nein!" aus-
spricht.

Es mag sein, dass man dieses Vorgehen wie-
derholen oder den kleinen Hund mit etwas anderem, Interessanterem ablenken muss, um ihn von
seinem Tun abzubringen, aber bald wird er wissen, was ein „Nein!" bedeutet und dies sogar auf
ganz andere Situationen übertragen können. Kleine Cattle Dogs sind schon erstaunlich clever!

Welpen richtig füttern

Cattle Dogs sind meist sehr gute Fresser und Futterverwerter, daher sollte man schon bald von
dem für junge Cattle Dogs oftmals zu reichhal-
tigen Welpenfutter auf ein ganz normales Hundefutter umsteigen, falls das der Züchter nicht
schon getan hat. Ein Zuviel an bestimmten mine-
ralischen Inhaltsstoffen kann sich negativ auf die
Entwicklung von Knochen und Gelenken auswirken; ein Zuviel an Eiweiß kann aus einem
völlig normalen Hund einen hyperaktiven Vierbeiner machen.

Ein Hundefutter für erwachsene Hunde bein-
haltet alles, was ein Cattle-Dog-Welpe braucht,
um sich gesund zu entwickeln. Die Hersteller von
Fertigfutter greifen bei der Empfehlung der Futtermenge allerdings meist etwas zu hoch. Achten Sie deshalb selbst auf die Figur Ihres Welpen
und passen Sie die Menge gegebenenfalls an
– der kleine Cattle Dog sollte auf keinen Fall zu
pummelig sein!

Auch mit der Rohfütterung kommen Cattle-
Dog-Welpen sehr gut zurecht.

Hütet oder jagt mein Welpe?

Bereits vor vielen Tausend Jahren haben Menschen ihren Hunden eine neue und für Raubtie-
re eigentlich untypische Aufgabe gegeben: das
Beschützen und Hüten ihres Viehs. Dabei haben
sie die ursprünglichen Jagdinstinkte der Vierbeiner nicht einfach unterbunden, sondern für
den neuen Zweck „umgeformt". Die speziellen
Hüteeigenschaften, die unsere modernen Hüte-
und Treibhunde haben, sind sozusagen die Wei-
terentwicklung des einstigen Jagdverhaltens;
manche Hütesequenzen gleichen in ihren An-
sätzen immer noch Verhaltensmustern bei der
Jagd nach Beute.

Australian-Cattle-Dog-Welpen sind oft bereits
sehr früh bemerkenswert selbstsicher und moto-
risch gut entwickelt. Wenn man einen acht oder
neun Wochen alten Welpen vom Züchter zu sich
nach Hause holt, sollte man damit rechnen, dass

der kleine Kerl nach einer kurzen Eingewöhnungszeit seine Umgebung mit erstaunlicher Gewandtheit erkundet und dass er eine Vorliebe für wilde Spiele, nicht nur mit Bällchen oder anderem Spielzeug, sondern auch mit Menschen oder Tieren entwickelt. Der eine oder andere frischgebackene Cattle-Dog-Besitzer ist in den ersten Wochen vom Charme seines kleinen Räubers so begeistert, dass er versäumt, solche Aktionen rechtzeitig zu bremsen. Oft werden dann vermeintliche Hüte- oder Treibinstinkte als Entschuldigung für ein dem Welpen eigentlich gar nicht angemessenes Verhalten angeführt. Es mag tatsächlich sein, dass Cattle-Dog-Welpen aufgrund ihrer Instinkte vermehrt dazu neigen, beim Spielen die Fersen oder Knöchel ihrer Spielpartner zu umfassen, oder es besonders anziehend finden, einen Schwarm Vögel aufzuscheuchen oder eine Schaf- oder gar eine Kuhherde aufzumischen, aber grundsätzlich kann man das Beinefesthalten oder Tiereverjagen bei Welpen aller Rassen beobachten.

Eines steht jedenfalls fest: Die aufgejagten Tiere und auch deren Eigentümer haben für derartige Vorlieben von Hunden – völlig zu Recht! – oft überhaupt nichts übrig, und auch bei dem am Knöchel festgehaltenen Kind oder dem auf diese Weise gestoppten Jogger oder Radfahrer wird die Erklärung „Das ist nun mal ein Heeler" wohl kaum auf Verständnis stoßen. Zeigt ein Cattle-Dog-Welpe solches Verhalten, ist das keinesfalls als Anzeichen für ganz besonderes Hütetalent zu werten. Gute Treib- oder Hütearbeit zeichnet sich vielmehr dadurch aus, dass der

Auch für „Heeler" verboten: In Hosenbeine beißen ist kein Spiel und muss unterbunden werden.
(Foto: Dr. Richard Maurer)

Hund unter der Kontrolle und auf Anweisung des Besitzers zum Einsatz kommt. Das Erste, was ein richtiger Hütehund lernen muss, ist, dass er sich den zu hütenden oder zu treibenden Tieren nur dann nähern darf, wenn es ihm ausdrücklich erlaubt wird. Auch einem Cattle-Dog-Welpen

So ein seltsames Tier weckt eher die Neugier als den Jagd-trieb. (Foto: Joachim Fabini)

kann und sollte man also beibringen, dass er weder Menschen am Bein festhalten noch „einfach so" zu Schafen oder Kühen laufen darf. Ihm dieses eigenmächtige Verhalten zu untersagen, schadet seinen Hüteinstinkten keineswegs.

Andererseits ist spielerisches Nachlaufen nicht in jedem Fall als unbedingt mit aller menschlichen Macht zu unterdrückender „Jagdtrieb" zu bewerten. Für junge Hunde gehört so etwas zum Austesten der eigenen Fähigkeiten und damit zum Erwachsenwerden dazu. Um dieses „reale Beu-

tespiel" bei Spaziergängen aber nicht zum Ritual werden zu lassen, sollten Cattle-Dog-Besitzer darauf achten, dass sie für ihren Hund immer interessanter sind als die Dinge und Tiere am Wegesrand und dass sie ihn jederzeit von allem abrufen können.

Cattle Dogs mit „echtem" Jagdtrieb, die aktiv Wildfährten suchen, um anschließend Hasen oder gar Rehe zu hetzen, und dabei völlig unansprechbar für ihre Menschen werden, gibt es nur sehr selten. Ansätze zu solchem Verhalten sollten selbstverständlich trotzdem sofort erkannt und unterbunden werden, denn was bei einem tollpatschigen Welpen noch süß und unbeholfen ausschaut, kann beim erwachsenen Hund zum nur noch schwer wieder zu korrigierenden Fehlverhalten werden.

Die Rockerphase

Manch ein Australian-Cattle-Dog-Besitzer macht die Erfahrung, dass eine erste Phase der Euphorie – „Was mein Welpe schon alles kann und wie toll der schon folgt!" – recht unerwartet von der, wie ich sie nenne, Rockerphase abgelöst wird. Das ist der Lebensabschnitt, in dem viele junge Cattle Dogs erproben, ob sie tatsächlich bei einem konsequenten, nervenstarken und humorvollen Besitzer gelandet sind – eine manchmal recht anstrengende Zeit für ihre Menschen. Der bis dahin süße, brave und lerneifrige Vierbeiner entwickelt plötzlich Eigeninitiative und beginnt, seine Möglichkeiten auszutesten. Er läuft beim Spaziergang auf einmal weiter voraus als sonst, er wagt sich auf die Couch, er nimmt sich alles, was seine Neugier weckt und irgendwie erreichbar ist. Interessiert ihn etwas ganz besonders, setzt er auch schon mal seine Intelligenz und seine körperliche Gewandtheit ein, um sich zunächst unerreichbar Scheinendes schließlich doch irgendwie anzueignen. Dabei übertritt er auch durchaus Verbote, von denen sein Besitzer bis dahin geglaubt hatte, der kleine Hund hätte sie längst akzeptiert. Möbel oder Schuhe leiden unter nagenden Hundezähnen, der Garten wird innerhalb kürzester Zeit völlig umgestaltet, Wäsche wird geklaut und mit Freude zerfetzt, Lebensmittel werden gemopst und vertilgt.

Beim Spiel mit anderen Hunden werden die Umgangsformen nun möglicherweise rauer. Der bis dahin nette kleine Hund möchte nun doch mal wissen, ob die anderen und vielleicht mittlerweile ja größeren Spielkameraden genauso viel „draufhaben" wie er – nicht selten stellt sich dabei

Dem neun Monate alten „Rocker" Shaggy steht die Unternehmungslust geradezu ins Gesicht geschrieben.

Beim Spielen mit anderen Hunden zeigen junge Cattle Dogs manchmal recht raue „Treibhundallüren", die zu Missverständnissen führen können. (Foto: Kathrin Konjevic)

heraus, dass der Cattle Dog alle „in Grund und Boden spielt". Schwierigkeiten in der Welpenspielgruppe und mit anderen Hundebekanntschaften scheinen vorprogrammiert, und manchmal wird man als Cattle-Dog-Halter sogar zu einer Art Feindbild für die Besitzer der vermeintlich viel braveren Hunde.

Jeder, der sich darüber nun vielleicht furchtbar ärgert und aufregt, sollte sich ins Gedächtnis rufen, dass sein Hund einer Rasse angehört, die für ihre ursprüngliche Arbeit an großen Rinderherden in Australien ein gewisses Maß an Intelligenz, Eigeninitiative, Unverfrorenheit, Draufgängertum und Selbstsicherheit mitbringen musste – und dass es schon die Viehzüchter und Stockmen früherer

Zeiten geschafft haben, aus diesen „jungen Wilden" hervorragende, ja sogar legendäre Arbeitshunde zu machen. In der Rockerphase sind also die Besitzer gefordert, die zunächst einmal vielleicht nervenden Eigenschaften ihrer Hunde durch geeignete Erziehung und Ausbildung in die richtigen Bahnen zu lenken und so für sich selbst zu nutzen.

Was kann man nun tun, um diese „wilde" Zeit für alle Beteiligten weniger anstrengend zu gestalten?

■ Beschäftigen Sie sich so viel wie möglich mit Ihrem Hund und unternehmen Sie so viel es geht mit ihm – ein müder und zufriedener Hund kommt wesentlich seltener auf dumme Gedanken.

- Wenn Sie den „Rocker" bei unerlaubtem Unfug erwischen, geben Sie ihm das ruhig, aber konsequent zu verstehen. Zur Erziehung eines Cattle Dogs gehört es auch, ihm seine Grenzen aufzuzeigen. Dazu bedarf es keiner drastischen Maßnahmen; freundliche, aber bestimmte Anweisungen werden auch von „Cattle-Dog-Rockern" angenommen und umgesetzt. Dabei besteht keine Gefahr, dass sie das Vertrauen in ihren Menschen verlieren.
- Haben Sie Geduld, bleiben Sie selbstkritisch und rüsten Sie sich mit einer guten Portion Humor.

Die meisten Cattle-Dog-Besitzer können sicher bestätigen: Wenn man diese Ratschläge beherzigt, ist die Rockerphase gut zu überstehen. Hat man es dann geschafft, wird man für lange Jahre mit einem wirklich tollen Hundekameraden an seiner Seite belohnt. Außerdem ist es ja gerade die manchmal „freigeistige" Art dieser Hunde, die so manch ein Cattle-Dog-Freund ganz besonders liebt.

Australian Cattle Dogs und andere Hunde

Oft wird die Frage gestellt, ob sich Cattle Dogs mit anderen Hunden vertragen, entweder weil sie als Zweithund gehalten werden sollen oder weil man später viel zusammen mit anderen Hundehaltern unternehmen möchte.

Sicher ist es zunächst gar kein Problem, einen gut sozialisierten und lange genug bei der Mutterhündin belassenen Cattle-Dog-Welpen zu einem bereits im Haushalt lebenden Hund dazuzunehmen. Der Welpe wird sich dem älteren Hund gegenüber so verhalten, wie er es bei seiner Mutter gelernt hat, und Konflikte tunlichst vermeiden. Wie sich das Zusammenleben der beiden Hunde entwickelt, wenn der Cattle Dog erwachsen wird, hängt dann von seinem Charakter und vom Charakter des älteren Hundes ab, aber auch in großem Maße davon, wie man sich als Besitzer den beiden Hunden gegenüber verhält. Es kann das natürliche Gefüge der Hundegemeinschaft nämlich ziemlich durcheinanderbringen, wenn der Mensch im falschen Moment den falschen Hund bevorzugt oder wenn er zum falschen Zeitpunkt in eine Auseinandersetzung eingreift. Dabei wird oft menschlich gedacht und der Schwächere beschützt – in Situationen, in denen eigentlich nach Hundeart dem Überlegenen der Rücken gestärkt werden müsste. Wenn man aber die hierarchische Ordnung seiner Hunde gut kennt und respektiert und ihre Signale lesen kann, ist es nicht schwierig, einen Cattle Dog als Zweithund zu integrieren.

Auch in größeren Hundegruppen oder auf Hundespielwiesen wird die Frage nach der Verträglichkeit mit anderen Hunden meist erst dann aktuell, wenn der Cattle Dog erwachsen geworden ist, also unter Umständen erst nach zwei oder gar zweieinhalb Jahren. Zwar kann selbstverständlich auch ein Cattle Dog lernen, sich anderen Hunden gegenüber so zu benehmen, wie sein Mensch es gern von ihm hätte, manche Cattle Dogs entwickeln aber eine so enge Bindung zu ihrem Menschen, dass sie als erwachsene Hunde gar kein Interesse daran haben, mit anderen Hunden zu spielen, was sie unter Umständen auch sehr deutlich machen. Trotzdem ist es gerade mit solchen Cattle Dogs meist gar kein Problem, zusammen mit anderen Hunden und ihren Hundeführern zu arbeiten, etwa in einer Suchlinie bei der Rettungshundearbeit oder mit einem zweiten Hund am Vieh – wohl deshalb, weil sie sich so sehr an dem orientieren, was ihre Menschen gerade von ihnen verlangen, und dabei den anderen Hund kaum wahrnehmen.

Der Clicker als ideale Erziehungshilfe für Australian Cattle Dogs

Cattle Dogs sind intelligent und haben die Gabe, ihr Tun ganz besonders schnell mit einer Folge zu verknüpfen. Deshalb ist das sogenannte Clickertraining die ideale Ausbildungsmethode für diese Hunde.

Hierbei lernt der Hund zunächst, dass auf das von einer Art Knackfrosch, dem Clicker, erzeugte akustische Signal immer eine Belohnung in Form eines Spiels oder eines Leckerlis folgt. Das wird auch ein ganz junger – und verfressener – Cattle-Dog-Welpe schon sehr bald verstehen. Im nächsten Schritt lernt der Hund, dass dieses Klick-Geräusch immer dann zu hören ist, wenn er ein bestimmtes Verhalten zeigt. Bei einem Welpen bietet es sich natürlich an, ihn erst einmal für Sitzen, Stehen oder Liegen zu bestätigen – alles Dinge, die ein kleiner Hund bereits kann. Hat er gemerkt, dass

sein Tun mit für ihn angenehmen Folgen in Form eines Klicks und der Bestätigung durch Spiel- oder Futterbelohnung verbunden ist, wird er es bald häufiger anbieten. Jetzt ist der Zeitpunkt gekommen, an dem man als Hundelehrmeister der Übung einen Namen gibt, also jedes Mal vor dem Klick ein bestimmtes Wort sagt, beispielsweise „Sitz", wenn der Welpe sich hinsetzt. Nun ist es nur noch ein kleiner Ausbildungsschritt, bis der Hund versteht, welches Verhalten er auf welche Anweisung hin zeigen muss, damit der Klick und die anschließende Belohnung erfolgen.

Es ist nicht nur eine Freude, zu beobachten, wie ein cleverer Cattle Dog versucht herauszufinden, was er für den Klick tun muss; mit dem Clickertraining lässt sich bereits einem Welpen vermitteln, dass Lernen und Gehorchen positive Folgen hat. Zudem lernt der kleine Hund dabei nicht über Druck und Unterordnung, sondern indem er sich die Übungen zusammen mit seinem Menschen aktiv erarbeitet.

Clickertraining ist deshalb in jeder Hinsicht ein positiv zu bewertendes „Gehirnjogging" für Hund und Mensch!

Lynn überlegt, ob sie den Pylon mit der Nase oder der Pfote berühren muss, um den „Klick" auszulösen. (Foto: Dr. Richard Maurer)

Vielfältige **Aufgaben** für einen echten Allrounder

Cattle Dogs werden zwar noch heute als Hüte- und Treibhunde gehalten, mittlerweile erfüllen sie aber auch die unterschiedlichsten anderen Aufgaben, sei es als Rettungshunde, Besuchs- oder Therapiehunde oder als Partner ihrer Besitzer bei einer der zahlreichen Hundesportarten. Wenn man sie entsprechend zu führen weiß, machen sie dank ihrer Intelligenz, ihrem Temperament und ihrer Loyalität bei fast allem eine gute Figur.

(Foto: Jeff Jaquish)

Australian Cattle Dogs scheinen zwischen bloßer Unterhaltung und echter Arbeit zu unterscheiden. Erscheinen sie beim Spiel oft völlig gelöst und ohne jegliche Vernunft, können sie bei der Arbeit sehr konzentriert und zuverlässig sein. Der Unterschied zwischen Spiel und Arbeit lässt sich daran erkennen, worauf sich der Cattle Dog gerade mehr konzentriert – stehen beim Spiel sicher das Spielobjekt und die momentane Freude an der Beschäftigung damit im Vordergrund, so ist es beim wirklich arbeitenden Hund ganz sicher die Konzentration auf den Besitzer und dessen Anweisungen, die an erster Stelle steht.

Es mag jeder Cattle-Dog-Besitzer für sich selbst und für seinen Hund entscheiden, welche Art der Betätigung ihm erstrebenswert erscheint – Freude am Spiel und der Arbeit mit Australian Cattle Dogs kann man auf jeden Fall haben!

wo der Besitzer sie gern haben will. Wie sie dabei keinem Rind die Gelegenheit geben, auszubrechen, und auch noch die vorgegebene Richtung immer im Auge behalten, ist einfach beeindruckend. Es ist faszinierend zu sehen, mit welcher Souveränität unsere „kleinen" Hunde mit den großen Rindern umgehen.

Mit der richtigen Ausbildung können Cattle Dogs auch bei uns Aufgaben am Vieh übernehmen, die ihrer ursprünglichen Verwendung nahekommen. So zum Beispiel als Helfer der sogenannten „Cattle Drive Teams", die von Rinderhaltern engagiert werden, um das Impfen und die Klauenpflege von auf der Weide lebenden Galloways oder ähnlichen robusten Rinderrassen zu übernehmen. Arbeit für Cattle Dogs gibt es aber genauso in der ganz normalen Milchviehhaltung mit Weidegang.

Treiben und Hüten

Selbst wenn in der jüngeren Vergangenheit längst nicht mehr so viele Australian Cattle Dogs ausschließlich für die Arbeit am Vieh gezüchtet wurden wie noch Anfang des 20. Jahrhunderts, ist es doch erstaunlich, wie viele dieser Hunde die dafür notwendigen Instinkte noch immer in sich tragen.

Zu was Cattle Dogs wirklich fähig sind, wird einem erst dann richtig klar, wenn man einem dieser Hunde einmal bei der Arbeit zusieht. Cattle Dogs sind – nach entsprechendem Training – auch heute noch in der Lage, Rinderherden aus großer Entfernung „einzuholen" und dorthin zu bringen,

Zehn Fragen zum Hüten mit Australian Cattle Dogs an den Herding-Trainer Larry Painter:

Können Cattle Dogs von Geburt an hüten?

Die Hüteveranlagung ist zwar erblich, aber nur hinter Vieh herjagen und in die Hacken beißen ist noch längst keine echte Hütearbeit. Wie andere Hütehunde auch müssen Australian Cattle Dogs erst lernen, ihre angeborenen Hüteinstinkte richtig einzusetzen.

Mein Wunsch wäre, dass schon bei der Zuchtauswahl mehr Wert auf die Hüteveranlagung der Cattle Dogs gelegt wird, damit dieses Erbe nicht verloren gehen kann.

Welche Voraussetzungen sollte ein junger Cattle Dog mitbringen, um an Vieh ausgebildet werden zu können?

Er sollte selbstsicher, aber nicht aggressiv sein. Auch ihrem Menschen gegenüber sehr „weiche"

Larry Painter hält „Carro" bei seiner ersten Begegnung mit Rindern noch an der Leine. So kann er ihn besser führen und seine Treibinstinkte in die richtigen Bahnen lenken. (Foto: Peter Kreusch)

oder gar unterwürfige Cattle Dogs können sich durchaus einer Herde Vieh entgegenstellen – das kann man nur durch Ausprobieren herausfinden. Cattle Dogs, die an Vieh arbeiten sollen, müssen die „Köpfe" der Herde lenken können. Junghunde, die sofort versuchen zu heelen, zu jagen und nach den Tieren zu schnappen, könnten in Stresssituationen auch als erwachsene Hunde in diese unerwünschten Verhaltensmuster zurückfallen.

Ab wann und wie soll man einen jungen Cattle Dog ans Vieh heranführen?

Ich denke, es ist sehr wichtig, einen jungen Cattle Dog so früh wie möglich mit Vieh in Kontakt zu bringen.

Reif und erwachsen genug, um mit dem richtigen Training zu beginnen, ist er allerdings erst mit zehn Monaten bis einem Jahr.

Was sollte ein Cattle Dog schon „können", bevor er am Vieh ausgebildet werden kann?

Er sollte in jeder Situation auf Zuruf zu kommen und ein „Stopp!"-Kommando kennen („Platz", „Sitz" oder „Steh"), das er immer zuverlässig befolgt.

Er sollte auch schon gelernt haben, auf Kommando hinter seinem Menschen oder bei Fuß zu gehen.

Gut ist es auch, wenn der junge Hund schon weiß, was das Kommando „Walk" bedeutet – nämlich nicht wild vorwärtsstürmen, sondern wirklich nur „langsam gehen".

Schließlich ist es noch sehr hilfreich, wenn der Hund ein Korrekturkommando wie „Nein!" kennt. Dieses kann verwendet werden, um ihm zu vermitteln, dass er gerade etwas „Falsches" tut und wann er seine Aufmerksamkeit dem Besitzer zuwenden soll.

Soll man junge Cattle Dogs vor Beginn der Herding-Ausbildung noch gar nicht zu Vieh lassen?

Je früher Welpen die Gelegenheit bekommen, Vieh kennenzulernen, desto größer wird ihre Chance sein, zu einem guten Hütehund heranzuwachsen.

Eignen sich Cattle Dogs auch für die Arbeit an Schafen?

Cattle Dogs können an jeder Art von Vieh arbeiten, an Rindern, Ziegen, Schafen und sogar Enten, wenn ihr Besitzer sie zu führen weiß und sie in jeder Situation im Griff hat.

Für welche Arbeiten an Vieh eignen sich Cattle Dogs besonders?

Wie ihr Name schon sagt, sollten sich Cattle Dogs besonders gut für die Arbeit an Rindern eignen. Eigentlich bedaure ich es, dass es mittlerweile einige Cattle Dogs gibt, die zwar noch an Schafen effizient arbeiten können, denen aber die Power und der Trieb fehlen, ihre Arbeit an Rindern zu tun.

Sind Heeler eine Gefahr für das Vieh?

Nein, ich denke nicht, dass Heeler „gefährlich" für Vieh sind, auch wenn mir schon einige Leute gesagt haben, dass ihr Hund zu aggressiv sei, um an Schafen oder Enten zu arbeiten.

Meiner Meinung nach ist in diesen Fällen das Problem nicht der Hund, sondern der Besitzer, dem es bisher nicht gelungen ist, die tatsächliche Kontrolle über seinen Hund und dessen Arbeit zu erlangen.

Welches sind die größten Unterschiede in der Art zu hüten zwischen Cattle Dogs und anderen Hütehundrassen?

Im Gegensatz zu Border Collies und Kelpies sind Cattle Dogs sogenannte „loose-eyed dogs". Sie treiben die Tiere mit mehr körperlicher Präsenz an und nicht so sehr mit dem Blick und wollen daher oft dichter am Vieh arbeiten.

Für welche Art von Menschen eignen sich Cattle Dogs als Hütehunde?

Cattle Dogs eignen sich als Hütehunde für konsequente Menschen, die ihren Hund sehr gut „lesen" und sich auf ihn einstellen können.

Ist der Cattle Dog eher weich und leichtführig, dann sollte auch sein Mensch kein polterndes Raubein sein. Ein Cattle Dog mit überschäumendem Temperament, der öfter mal seine Grenzen austesten möchte, braucht eine festere Hand. Konsequente und faire Menschen sind gute Cattle-Dog-Trainer.

Larry Painter besitzt seit 35 Jahren Australian Cattle Dogs, er ist seit mehr als 10 Jahren als Herding-Trainer für diese Rasse in Amerika sehr bekannt und erfolgreich.

Zudem ist er Richter für Herding Trials und nimmt selbst an vielen Herding-Wettbewerben in den USA und in Kanada teil. Besonders erfolgreich war er mit seinen beiden Rüden HCH George und DC Rewuri Blue Bogong CD (genannt „Syd").

Hütewettbewerbe

Während es in Amerika und Kanada bereits seit Langem spezielle Hütewettbewerbe für Australian Cattle Dogs gibt, hatten hütesportlich ambitionierte Cattle-Dog-Besitzer in den Mitgliedsländern der FCI (der weltweit größte Rassehundeverband) bis zum Jahr 2008 nur die Möglichkeit,

Gut ausgebildete Cattle Dogs arbeiten zuverlässig an jeder Art von Vieh. Selbstverständlich auch an Schafen oder sogar Enten.

(Foto: Peter Kreusch)

(Foto: Jeff Jaquish)

ihren Hund wie einen Border Collie auszubilden und an den Herding Trials der diese Rasse betreuenden Vereine teilzunehmen.

Nun hat die FCI ein Regelwerk geschaffen, das seit Juni 2008 einen rasseübergreifenden Rahmen für „traditionelle" Hütewettbewerbe vorgibt. Im Unterschied zu den Wettbewerben für Border Collies und Kelpies wird hier von den teilnehmenden Hunden beispielsweise kein Outrun, also kein Umlaufen der Tiere in großem Bogen, verlangt, auch auf das Teilen der Herde wird verzichtet, dafür muss der Hund die Schafe in den höheren Stufen an einem Feld und an einer Straße entlangführen können.

Diese Hütewettbewerbe sind offen für alle Hüte- und Treibhunde außer für Border Collies und Kelpies, für die es entsprechend angepasste FCI-Regeln gibt, also auch für Australian Cattle Dogs.

Die Vorstufe für die FCI-Hütewettbewerbe ist der sogenannte „Hüte-Arbeits-Test" („Herding Working Test" – HWT), der innerhalb der FCI dazu berechtigt, auf Ausstellungen in der Gebrauchshundeklasse zu starten. Nach bestandenem HWT kann der Hüte- oder Treibhund Hüteprüfungen in drei Prüfungsstufen ablegen, wobei sich die Anforderungen in jeder Stufe erhöhen.

Hundesport mit Australian Cattle Dogs

Die zahlreichen modernen Hundesportarten sind tolle Möglichkeiten, Australian Cattle Dogs sinnvoll zu beschäftigen und geistig und körperlich auszulasten.

Ihre enorme Sprungkraft und ihre Leichtführigkeit machen Cattle Dogs zu sehr guten Partnern im Agility.

Agility

Ähnlich dem Springreiten soll der Hund beim Agility auf Anweisung seines Hundeführers einen Hindernisparcours möglichst schnell und fehlerfrei bewältigen. In Deutschland gibt es bei Agilitywettbewerben drei Größenklassen: Mini, Midi und Standard. Australian Cattle Dogs müssen fast alle in der Standardklasse laufen, nur wenige Hündinnen sind kleiner als 43 Zentimeter und dürfen in Midi starten.

Ihre Wendigkeit, Reaktionsschnelle sowie ihre Fähigkeit, sich ganz besonders auf ihren Menschen konzentrieren zu können, machen Cattle Dogs zu idealen Agilitypartnern. Zwar kann es recht anstrengend sein, einen temperamentvollen und motivierten Cattle Dog davon zu überzeugen, dass dieser Hindernisparcours ihm nicht einfach nur irgendwie Spaß machen soll, sondern vielmehr präzise zu bewältigen ist; hat er aber einmal begriffen, dass dieser Sport sein „Job" ist, kann er darin Höchstleistungen erbringen.

Vielseitigkeitsprüfung für Gebrauchshunde (VPG)

Bei dem sachkundig durchgeführten Training für die bei der VPG geforderten Aufgaben können Cattle Dogs ihr rassetypisches Selbstbewusstsein und ihren Durchsetzungsdrang auf spielerischer Ebene kontrolliert ausleben. Die VPG setzt sich aus drei Teilprüfungen zusammen:

Das Verfolgen einer Fährte ist die erste Teilprüfung der VPG.

Darauf folgt der Gehorsamsteil, zu dem auch das Apportieren gehört.

Nach einer Verhaltensüberprüfung durch den Richter muss der Hund zunächst zeigen, dass er einer Fährte ruhig und konzentriert folgen kann. Dabei soll er verschiedene, vom Fährtenleger „verlorene" Gegenstände finden und anzeigen. Die Fährtenarbeit kann man übrigens noch perfektionieren, indem man auf spezielle Fährtenhundprüfungen (FH) hinarbeitet, die einen sehr viel höheren Schwierigkeitsgrad haben als die entsprechende Teilprüfung der VPG. Cattle Dogs haben solche FH-Prüfungen schon mit der höchstmöglichen Punktzahl absolviert!

Auf den Fährtenteil folgt der Gehorsamsteil. Hier wird überprüft, ob der Hund seinem Menschen mit und ohne Leine zuverlässig folgt und bestimmte Übungen auf Kommando jederzeit ohne Zögern ausführt. Dazu gehören auch das

Apportieren und das Voraussenden. Cattle Dogs finden jede Art der Beschäftigung mit ihren Besitzern wunderbar, was ihnen auch bei den Gehorsamsprüfungen anzumerken ist. Da kommt es ihnen und ihrem Hundeführer entgegen, dass bei allen geforderten Übungen mit in die Bewertung einfließt, ob der Hund konzentriert und freudig mitarbeitet – bloße stoische Unterordnung wird nicht gern gesehen.

Der dritte Teil der VPG ist der Schutzdienst, eine komplexe Aufgabe, an deren Ende das Erobern eines speziellen Schutzärmels steht. Das Training für diesen Prüfungsteil baut auf den bei vielen Cattle Dogs stark ausgeprägten Spiel- und Beutetrieb auf. Jeder Cattle-Dog-Besitzer weiß, mit welchem Enthusiasmus sein Hund mit dem Ball spielt oder wie ausdauernd er Zieh- und

Zerrspiele betreiben kann und wie stolz er ist, wenn er solche Spiele „gewinnt". Genau dieses Verhalten wird bei der modernen VPG-Ausbildung gefördert und auf den Schutzärmel des Helfers umgeleitet. Besonders wichtig ist dabei, dass der Hund den Ärmel auf Kommando sofort wieder loslässt. Ein Hund, der dies nicht tut, kann keine VPG-Prüfung bestehen.

Selbstverständlich lässt es sich so richtig schön und ausgelassen nur mit jemandem spielen, dem man vertraut. Daher wird besonderer Wert darauf gelegt, dass der Hund den Schutzdiensthelfer nicht als Feind ansieht, sondern als Person, der er unbedingt vertrauen kann. Das Einzige, was der Hund von dieser Person haben will, ist der Beuteärmel. Menschen ohne einen solchen Schutzärmel sind für Hunde, die VPG-Sport be-treiben, als Spielpartner völlig uninteressant.

Weitere Hundesportarten

Selbstverständlich eignen sich für Australian Cattle Dogs auch alle anderen Hundesportarten, egal ob es dabei mehr auf die Konzentrations- und Lernfähigkeit oder auf eine athletische Konstitution, viel Temperament und eine gute Körperbeherrschung ankommt.

Der dritte Teil der VPG ist die Schutzdienstprüfung. Ziel ist das Erobern des speziellen Schutzärmels.

So glänzen Cattle Dogs bei Obediencewettbe-
werben und machen auch beim Turnierhunde-
sport, beim Flyball und beim Discdogging eine
prima Figur.

*Per Handzeichen wird Grizzly in sein Suchgebiet eingewie-
sen. (Foto: Michael Schneider)*

Arbeit, Sport und Spaß bei jedem Wetter?
Obwohl die Rasse ursprünglich aus dem heißen Australien kommt, setzen sich Cattle
Dogs keinesfalls ständig freiwillig der pral-
len Sonne aus. Wie die meisten Tiere vermeiden sie, wenn möglich, Anstrengung in
der Hitze und suchen, so oft es geht, ein
schattiges Plätzchen auf. Eine interessante
Aufgabe oder ein besonders tolles Spiel lässt
sie diese „Vernunft" allerdings leicht vergessen. In dem Fall ist der Menschen dafür
verantwortlich, Aktivitäten in den Schatten
zu verlegen und gegebenenfalls für ausrei-
chend Abkühlung zu sorgen.

Rettungshundearbeit

Australian Cattle Dogs bringen sehr gute körperliche und charakterliche Voraussetzungen für die
Ausbildung zum Rettungshund mit. Sie sind
robust, muskulös, ausdauernd, und dank ihrer
hohen trieblichen Veranlagung und ihrer Lern-
freude können sie zu absolut zuverlässig arbeitenden Hunden ausgebildet werden. Durch ihre

Nervenstärke und ihr Selbstbewusstsein lassen sie
sich auch in Extremsituationen weder von ihrer
Arbeit ablenken noch durch Fehlschläge davon
abbringen. Darüber hinaus sind Cattle Dogs
äußerst „geländegängig" und trittsicher. Sie können ihre eigenen Fähigkeiten sehr gut abschät-
zen, wählen meist instinktiv den richtigen Weg.
Zudem erlauben ihre Größe und ihr Gewicht den
Transport auf dem Rücken des Hundeführers, der
sich in schwierigem Gelände, beispielsweise in
Trümmern oder im Gebirge, manchmal nicht vermeiden lässt.

Dass Cattle Dogs bei der Rettungshundearbeit
ihre Nase zum Suchen einsetzen müssen, steht
nicht im Widerspruch zu ihren ursprünglichen Aufgaben, denn es war immer wieder einmal notwendig, dass sie abgängiges Vieh im weiten Gelände wieder aufspürten.

Cattle Dogs als Besuchs- oder Therapiehunde

Wenn ihr individuelles Temperament und ihr Charakter es zulassen, sind gut auf Menschen geprägte Australian Cattle Dogs auch durchaus als Besuchshunde, Therapiebegleithunde oder gar als Therapiehunde einsetzbar.

Im Umgang mit Senioren, behinderten Kindern oder Erwachsenen sind sie durch ihre Unerschütterlichkeit verlässliche Partner, die mit ihrer temperamentvollen und trotzdem rücksichtsvollen Art bald zu beliebten Attraktionen werden und sich beispielsweise in Seniorenresidenzen sicher und unerschrocken zwischen Rollatoren und Rollstühlen bewegen.

Besonders in Amerika werden Cattle Dogs auch als Therapiebegleithunde in Krankenhäusern eingesetzt, und selbst in der Therapie mit autistischen Kindern finden sie ihre Aufgabe.

Cattle Dogs als Reitbegleiter

Heute müssen die meisten Cattle Dogs erst lernen, dass es nicht mehr wie zu Kaleskis Zeiten im australischen Busch ihr Job ist, Pferde anzutreiben, zu lenken oder zu stoppen, sondern dass sie nun vielmehr die Aufgabe haben, ihre Besitzer auf Ausritten zu begleiten, dabei zuverlässig neben dem Pferd herzugehen und den vom Pferd aus gegebenen Zeichen und Kommandos zu folgen.

Die Zeit, in der es wegen der körperlichen Entwicklung des jungen Cattle Dogs noch nicht möglich ist, ihn auf lange Ausritte mitzunehmen, sollte man dazu nutzen, ihn mit dem Pferd vertraut zu machen und ihm beizubringen, dass er die Anweisungen seines Besitzer auch dann befolgen muss, wenn sie „von oben" kommen. Nur mit einem vom Pferd aus kontrollierbaren Hund werden die späteren Ritte tatsächlich Freude machen.

In Begleitung gut erzogener Hunde macht ein Ausritt besonders viel Spaß. (Foto: Dr. Richard Maurer)

Cattle Dogs, die Pferde heelen, gefährden nicht nur die Tiere und ihre Reiter, sondern vor allem auch sich selbst. Im Gegensatz zu Rindern, die meist nur einfach irgendwie nach hinten kicken, wenn ihnen ein Hund an die Fersen will, können Pferde durchaus gezielt mit ihren – oft sogar beschlagenen – Hufen nach dem Hund treten.

Haben Reiter und Hund besonderen Spaß an gemeinsamen Unternehmungen mit dem Pferd, können sie ihr Teamwork sogar bis zur Wettbewerbsreife perfektionieren und sich bei den von der Ersten Westernreiter Union Deutschland e. V. (EWU) angebotenen „Horse and Dog Trails" mit anderen Reiter-Hund-Teams messen.

Welpen brauchen besonders viele Ruhephasen, um die zahlreichen neuen Eindrücke zu verarbeiten.
(Foto: Andrea Schäfer)

Muss ein Australian Cattle Dog immer arbeiten?

Der Cattle Dog ist kein Hund, der ständig unter Strom steht und von seinem Besitzer verlangt, ununterbrochen „bespaßt" oder beschäftigt zu werden. Wie alle Arbeitshunde braucht er angemessene Ruhephasen, nicht nur um Gelenke und Muskeln zu regenerieren und zu entspannen, sondern auch, um Gelerntes geistig zu verarbeiten und zu festigen.

Erscheinen Cattle Dogs hyperaktiv und kaum zu bändigen, kann die Ursache dafür in ihrer Erziehung liegen – gerade bei so einer temperamentvollen Rasse darf man sich vom Junghund nämlich keinesfalls diktieren lassen, welche Aktionen gerade stattzufinden haben. Wann und ob überhaupt „Action" angesagt ist, sollte immer der Mensch bestimmen. Oft merken Cattle Dogs selbst nicht, wann sie genug haben und die Zeit für eine Pause gekommen ist. Scheinbar unermüdlich wollen sie immer weiter und weiter das Bällchen holen, durch den Agilityparcours laufen oder Unterordnung üben. Dann ist der Besitzer gefordert, das Training oder Spiel rechtzeitig zu beenden und seinem Hund die Möglichkeit zu geben, an einem ruhigen Platz auch einfach mal nichts zu tun.

Ernährung
und Gesundheit

Australian Cattle Dogs sind im Allgemeinen genügsame, robuste und gesunde Hunde. Damit das ein ganzes glückliches Hundeleben lang so bleibt, sind eine ausgewogene Ernährung und eine gewissenhafte Gesundheitsfürsorge Pflicht.

Wer solche Sprünge wagt, kann schon mal falsch aufkommen und sich verletzen. (Foto: Jeff Jaquish)

Ihr Temperament und ihre generelle Risikobereitschaft können Cattle Dogs so manch einen Besuch beim Tierarzt bescheren, der gemäßigteren Hunden erspart bliebe – Verletzungen wie Zerrungen, Bänderdehnungen oder eingerissene Krallen sind bei ihnen relativ häufig. Gestalten Sie Spiele wie das Werfen von Bällen oder Frisbees, die von den Hunden viel Körpereinsatz fordern, deshalb so kontrolliert, dass die Verletzungsgefahr minimiert wird. Es mag zwar beeindruckend aussehen, wenn ein Cattle Dog sich besonders hoch in die Luft schraubt, um das geworfene Spielzeug zu fangen, aber sein ganzes Gewicht muss auch wieder auf den Boden zurück. Eine Verletzung des Hundes durch eine ungünstige Landung ist das stolze Gefühl, so einen „tollen Kerl" zu besitzen, am Ende sicher nicht wert.

Krankheiten und Verletzungen erkennen und vorbeugen

Die meisten Hunde zeigen durch ihr Verhalten deutlich, wenn sie krank sind oder Schmerzen haben. Bei Cattle Dogs sollte man sich darauf nicht verlassen. Viele von ihnen sind relativ schmerzunempfindlich und verhalten sich sogar im Krankheitsfall genau so überschwänglich wie immer, was das Erkennen von gesundheitlichen Problemen manchmal erschwert. Cattle-Dog-Besitzer sollten deshalb schon bei dem unbestimmten Gefühl, es könnte etwas nicht so sein wie sonst, genauer hinschauen und einen Tierarztbesuch auf keinen Fall lange hinausschieben.

Tierarztbesuche kann man üben!

Nicht nur bei Verletzungen oder Krankheit muss der Cattle Dog zum Tierarzt, auch für die empfohlenen Impfungen oder den jährlichen Gesundheitscheck ist der Besuch einer Tierarztpraxis unumgänglich. Damit dieser für alle Beteiligten mit möglichst wenig Stress verbunden ist, kann man seinem Hund schon zu Hause beibringen, sich in Tierarztsituationen entspannt und ruhig zu verhalten, beispielsweise indem man ihn beim Schmusen ganz nebenbei daran gewöhnt, sich überall anfassen und abtasten zu lassen. Es hilft auch, wenn man schon mit dem Cattle-Dog-

Welpen einfach nur mal so den zukünftigen Haustierarzt besucht und den kleinen Hund dort erfahren lässt, dass ihm in der Praxis nichts Böses passiert, sondern im Gegenteil alle freundlich zu ihm sind.

Progressive Retina Atrophie (PRA)

Eine erbliche Augenkrankheit, die bei Australian Cattle Dogs auftritt, ist die Progressive Retina Atrophie (PRA). Sie kann im Alter von zwei bis drei Jahren zum Ausbruch kommen. Die Krankheit führt dazu, dass anfangs noch normal sehende Hunde durch fortschreitende Degeneration ihrer Netzhaut im Laufe der folgenden Lebensjahre erblinden. Die Diagnose einer PRA kann nur ein Augentierarzt stellen, eine Heilung oder auch nur eine Verlangsamung des Krankheitsverlaufs ist nicht möglich.

PRA wird beim Cattle Dog autosomal rezessiv vererbt. Das heißt, es gibt „PRA-freie" Hunde, die keinerlei genetische Veranlagung für diese Erkrankung haben; es gibt sogenannte Anlageträger, die von einem Elterntier ein PRA-Gen und von dem anderen ein gesundes Gen mitbekommen haben; und es gibt solche Hunde, die von beiden Elterntieren jeweils ein PRA-Gen geerbt haben. Nur bei diesen Cattle Dogs, die zwei PRA-Gene in sich tragen, kann die Krankheit ausbrechen.

Seit einigen Jahren lässt sich die Veranlagung von Cattle Dogs für die bei dieser Rasse auf-

Wenn mindestens eines der Elterntiere genetisch frei von PRA ist, wird keiner der Welpen später an dieser Augenkrankheit leiden.

Ballspiele machen Spaß, aber bitte mit Maß und Ziel, sonst leiden Knochen und Gelenke.

tretende Form der PRA (prcd2) im Labor mittels eines Gentests feststellen. Hunde, die gar kein prcd2-Gen in ihrer Erbmasse aufweisen, werden mit „Pattern A" oder „prcd2-frei" bezeichnet; solche, die neben einem gesunden Gen auch ein prcd2-Gen tragen, werden als „Pattern B" oder auch „prcd2-Träger" eingestuft. Wurden bei einem Hund zwei prcd2-Gene nachgewiesen, was bedeutet, dass die PRA ausbrechen kann, spricht man von einem „Pattern-C-Hund". Züchter haben es seither in der Hand, eine Cattle-Dog-Verpaarung so zu planen, dass der Nachwuchs nicht an PRA erkranken wird, indem sie entweder eine „Pattern-A"-Zuchthündin oder einen „Pattern-A"-Rüden einsetzen, denn solche Elterntiere vererben ihren Welpen auf jeden Fall ein gesundes Gen. Es ist jedoch nicht notwendig, dass beide Elterntiere „Pattern A" sind. Die Zucht der Rasse nur noch auf prcd2-freie Elterntiere zu beschränken, wäre sogar wenig sinnvoll. Würde man nur noch mit „Pattern-A"-Cattle-Dogs züchten, bestünde die Gefahr, dass der Rasse wertvolle andere Erbanlagen für immer verloren gehen. Der Zuchtwert unserer Hunde darf sich daher nicht allein an ihrer Veranlagung zur PRA orientieren, sondern ist viel komplexer zu betrachten, und schließlich können auch „Pattern-B"-Hunde nie wegen PRA erblinden.

Wer sich für einen Cattle-Dog-Welpen interessiert und sicher sein will, dass dieser nicht an PRA erkranken wird, sollte sich von dem Züchter den Nachweis eines Genlabors über den prcd2-Status der Elterntiere zeigen lassen.

Knochen und Gelenke

Schon sehr junge Australian Cattle Dogs erscheinen verglichen mit gleichaltrigen Hunden anderer Rassen oft als recht mutige, heftige und robuste Hunde. Das sind sie meist auch – aber „Gummihunde" oder unverletzliche „Superdogs" sind sie nun einmal nicht. Ihr junger Körper muss noch wachsen, und ihre Knochen, Gelenke, Sehnen und Bänder sind noch nicht ausgereift. Man sollte sie daher ihre Fähigkeiten zunächst moderat austesten lassen und körperliche Belastung nur langsam steigern. Trotz solcher Vorsichtsmaßnahmen sind bei jungen Cattle Dogs Verletzungen beim übermütigen Spiel recht häufig. Es gibt leider kein Rezept, wie man dies wirksam verhindern könnte, man kann und soll den jungen Hund ja nicht immer und überall bremsen. Aber man sollte doch davon absehen, ihn etwa durch ständiges Ballwerfen zusätzlich zu belasten.

Auch bei Australian Cattle Dogs kommt gelegentlich die weitverbreitete Hüftgelenkdysplasie (HD) vor, die sich bei Hunden dieser Rasse dank deren mittlerer Größe und starker Bemuskelung der Hinterhand jedoch nur in seltenen Fällen tatsächlich negativ auf die Lebensqualität auswirkt. In den der FCI angeschlossenen europäischen Rassehundezuchtvereinen für Australian Cattle Dogs ist es Pflicht, die Zuchttiere auf HD röntgen zu lassen. Hunde mit HD sind dann von der Zucht ausgeschlossen.

Man weiß inzwischen, dass sich HD nicht allein aufgrund erblicher Disposition entwickelt, sondern dass auch die Ernährung und die Belastung der Gelenke des Hundes eine Rolle spielen. Cattle Dogs sind in der Regel so gute Futterverwerter, dass man im Wachstum auf jeden Fall vorsichtig mit der Gabe von zusätzlichen Mineralien sein sollte. Selbstverständlich sollten die jungen Hunde auch nicht zu schwer gehalten werden; jedes zusätzliche Gewicht belastet alle Gelenke und ist für so agile und übermütige Hunde wie Cattle Dogs ein weiterer Risikofaktor für Verletzungen und Knochenerkrankungen.

Viele Australian Cattle Dogs werden auch auf Ellbogendysplasie (ED) geröntgt, allerdings kommt ED bei Hunden dieser Rasse kaum vor.

Angeborene Taubheit

Wie bei vielen Hunderassen mit einem höheren Anteil an weißen, pigmentlosen Haaren kann es auch bei Australian Cattle Dogs vorkommen, dass Welpen mit der Veranlagung zur Taubheit – auf einem Ohr oder auch auf beiden Ohren – geboren werden. Der Zusammenhang zwischen erblicher Taubheit und fehlenden Pigmenten ist schon seit Langem bekannt.

Betroffene Welpen werden mit zunächst normal entwickeltem Gehör geboren. Im Alter von drei bis vier Wochen beginnt im Inneren des Ohres ein Prozess, der zum Absterben der Nervenzellen und damit zur späteren Taubheit führt. Obwohl man das alles weiß, kann man dem leider nicht medizinisch entgegenwirken, denn das einmal abgestorbene Nervengewebe im Gehörgang lässt sich nicht ersetzen.

Obwohl Gino taub ist, funktioniert die Verständigung mit ihm wunderbar. (Foto: Dr. Richard Maurer)

Selbstverständlich sind in seriösen Zuchtverbänden einseitig oder beidseitig taube Australian Cattle Dogs von der Zucht ausgeschlossen. Um festzustellen, ob Hunde auf beiden Ohren normal hören, werden sie einem speziell ausgebildeten Tierarzt zur Audiometrie (auch BAER-Test oder AEP genannt) vorgestellt. Im Rahmen dieser Untersuchung werden dem, oft leicht sedierten, Hund Ohrstöpsel oder Kopfhörer angelegt, durch die Klickgeräusche in den Gehörgang gesendet werden. Die von diesen Geräuschen verursachten elektrischen Aktivitäten im Innenohr und im Gehirn lassen sich mit einem speziellen Gerät messen. Bei einem normal hörenden Ohr wird dieses Gerät eine Kurve mit einer Serie von Spitzen aufzeichnen; die Ausgabekurve eines tauben Ohrs ist eine im Wesentlichen flache Linie.

Ergibt so ein Test nun, dass der Welpe auf nur einem Ohr schwer oder gar nicht hört, hat das auf sein weiteres Leben so gut wie keine Auswirkungen. Der junge Hund wird lernen, die bewegliche Muschel seines hörenden Ohrs zur Ortung von Geräuschen so perfekt einzusetzen, dass so gut wie keine Unterschiede zu einem normal hörenden Hund auffallen werden. Für einen auf beiden Ohren tauben Welpen muss der Züchter einen geeigneten Besitzer suchen, der die besondere Herausforderung der Erziehung und Ausbildung eines Hundes, der nur auf Mimik und Gestik reagieren kann, auf sich nehmen möchte und auch bewältigen kann. Aus dem niedlichen tauben Welpen wird schließlich einmal ein erwachsener Hund, der selbst nicht weiß, dass er anders ist, was immer wieder zu Problemen führen kann.

Besitzer von tauben Cattle Dogs berichten aber oft, dass ihre Hunde ganz besonders auf sie fokussiert sind und ihnen damit sehr viel Freude bereiten.

Kein MDR1-Gendefekt bei Australian Cattle Dogs

An dieser Stelle soll nicht unerwähnt bleiben, dass die neuen Möglichkeiten in der Genforschung ein für Cattle Dogs und ihre Besitzer erfreuliches Ergebnis gebracht haben – eine Testreihe der Universität Gießen im Jahr 2008 hat gezeigt, dass die Rasse nicht von dem sogenannten MDR1-Gendefekt betroffen ist.

Diese Multiple Drug Resistance (Resistenz gegen verschiedene Medikamente) kann bei einer Behandlung mit dem „falschen" Medikament lebensbedrohliche Folgen für den Vierbeiner haben. Der Gendefekt betrifft besonders Collies und mit ihnen verwandte Hunderassen.

In Gießen konnte man lediglich einen einzigen Australian Cattle Dog als Träger des MDR1-Defekts identifizieren. Dieser Hund hatte keinen Abstammungsnachweis, sodass zu vermuten ist, dass unter seinen Vorfahren vielleicht doch ein Collie zu finden ist.

Kastration?

Immer wieder fragen Cattle Dog Besitzer, ob man vielleicht mit einer Kastration das heftige Temperament ihres Hundes wirksam begrenzen könne. Sicher ist es so, dass sich Geschlechtshormone auf das Verhalten und eventuell auch auf den Charakter eines Hundes auswirken, aber eine Kastration kann keine Erziehungsfehler beheben und schon gar nicht die Erziehung ersetzen. Eventuell erleichtern kann sie die Erziehung höchstens dann, wenn der Eingriff so frühzeitig vorgenommen wird, dass sich vom Menschen als schwierig empfundene Verhaltensweisen noch nicht verfestigen konnten – einen erwachsenen Cattle Dog zu kastrieren hat demnach oft nicht mehr den erhofften Effekt. Werden die Hunde aber zu früh kastriert, nimmt man ihnen die Möglichkeit, richtig erwachsen zu werden, denn dafür brauchen sie ihre Geschlechtshormone. Das kann sich negativ auf ihre Arbeitseigenschaften auswirken und beeinflusst auch das spätere Sozialverhalten nicht immer günstig. Vermehrtes Abhaaren oder Inkontinenz können ebenfalls spätere Folgen einer Kastration sein, die für den Hundehalter vielleicht noch weniger schön sind, als es das Leben mit einem unkastrierten Hund gewesen wäre.

All das sollte man vor der Entscheidung für eine Kastration bedenken und den Nutzen des Eingriffs auf jeden Fall mit einem Tierarzt besprechen. Dieser darf und wird eine solche Operation nicht ohne Indikation durchführen. Ist ein Cattle Dog aber tatsächlich so stark „hormonbestimmt" (nach unserer Erfahrung ist das eher einmal bei Cattle-Dog-Hündinnen der Fall als bei den Rüden), dass Besitzer und Hund erheblich darunter leiden, kann man in der Tierarztpraxis sicher Verständnis für den Wunsch nach Abhilfe finden.

Ernährung

Die Ernährung der meisten Australian Cattle Dogs ist unkompliziert. Sie sind genügsam und fressen buchstäblich alles.

Bedenken sollte man, dass sie sehr gute Futterverwerter sind, denen in der Regel ein „ganz normales" Hundefutter ausreicht. Was uns selbst schließlich davon abgebracht hat, unseren regelmäßig auf dem Hundeplatz trainierenden Cattle Dogs das von Futtermittelherstellern für aktive Hunde empfohlene „Leistungsfutter" zu füttern,

Lecker und gesund: Teddy freut sich über einen Apfel als kleine Zwischenmahlzeit.

war die Erkenntnis, dass dieses besonders eiweißreiche Futter die Triebigkeit der Hunde verstärkt. Unsere Australian Cattle Dogs zeigten sich aber auch mit normalem Futter als temperamentvoll und triebig genug, ja sie konzentrierten sich bei weniger eiweißreicher Fütterung sogar besser.

Nach meiner Erfahrung kann man sich bei der Fütterung von Cattle Dogs mit Fertigfutter grundsätzlich an dem unteren vom Futtermittelhersteller empfohlenen Maß orientieren – manche Cattle Dogs brauchen sogar noch ein bisschen weniger. Bei der Fütterung mit rohem Frischfleisch, dem sogenannten „Barfen", reicht es aus, die Futtermenge für „kleinere mittelgroße" Hunde vorzusehen. Wer für die Ausbildung seines Cattle Dogs Leckerlis verwendet, sollte das bei den Mahlzeiten berücksichtigen und entsprechend weniger füttern.

Einige Australian Cattle Dogs scheinen immer hungrig zu sein, was wohl rassetypisch ist. Solange sich diese Hunde äußerlich in guter Verfassung befinden, ist es kein Anzeichen dafür, dass sie zu wenig zu fressen bekommen. Agile und temperamentvolle Hunde wie Cattle Dogs sollten zwar muskulös, aber auf keinen Fall zu dick sein.

Der ältere Cattle Dog – zu Recht ein Fall fürs Guinnessbuch der Rekorde?

Im Guinnessbuch der Rekorde aus dem Jahr 1997 wurde als ältester Hund der Welt ein Australian

Cattle-Dog-Senioren erkennt man oft an der fast ganz weißen Schnauze. Sie sind körperlich und geistig oft noch sehr fit. (Foto: Jeff Jaquish)

Milo ist mit seinen elf Jahren so gelassen, dass er friedlich duldet, was so manch einen jungen Cattle Dog ganz sicher in helle Aufregung versetzen würde. (Foto: Christine Rösler)

Cattle Dog mit dem sagenhaften Alter von 29 Jahren und 5 Monaten gelistet. Seither hält sich hartnäckig die Annahme, dass Cattle Dogs besonders langlebig sind.

Die Besitzer des Rekordhundes waren ein sehr betagtes Ehepaar, das schon immer Cattle Dogs als Arbeitshunde hielt, die alle den gleichen Namen trugen, nämlich den typischen Cattle-Dog-Namen „Bluey". Die Übergänge von „Bluey I" zu „Bluey II" und auch zu den Nachfolgern waren wohl über viele Jahre hinweg fließend, und in Cattle-Dog-Kreisen wurde damals vermutet, dass möglicherweise zwischendurch mal ein Generationswechsel „vergessen" wurde. Vielleicht ist das aber auch nur Spekulation, und den so außergewöhnlich alten Cattle Dog hat es tatsächlich gegeben – Rückschlüsse auf die allgemeine Lebenserwartung von Cattle Dogs lässt dieser Einzelfall jedenfalls nicht zu.

Australian Cattle Dogs erreichen meist ein für mittelgroße Hunde ganz normales Alter zwischen 12 und 14 Jahren, auch einige 15- oder gar 16-Jährige sind bekannt, allerdings sind das leider die Ausnahmen.

Eines haben die alten Cattle Dogs gemeinsam: Sie sind oft körperlich noch sehr fit, und wenn diese Fitness dann doch einmal nachlässt, können sie das nur schwer akzeptieren. Die meisten unserer Senioren lieben es, wenn sie auch im Alter noch eine Aufgabe haben, und sie lieben es auch, sich in Maßen körperlich zu betätigen. Sind Cattle Dogs in ihrer Sturm-und-Drang-Zeit manchmal sehr anspruchsvoll und anstrengend, so werden sie im Alter fast alle zu absolut unvergleichlich folgsamen und anhänglichen Begleitern, mit denen lange Spaziergänge oder auch leichter Hundesport im Rahmen ihrer körperlichen Möglichkeiten noch sehr viel Freude machen.

Unterhaltsames rund um den Australian Cattle Dog

Obwohl sich Australian Cattle Dogs wachsender Beliebtheit erfreuen, zählen sie nach wie vor zu den nicht jedermann bekannten Exoten unter den Hunderassen. Sehr viele Menschen in aller Welt haben aber sicherlich schon einmal Cattle Dogs gesehen, von ihnen gehört oder gelesen, ohne sie bewusst als solche zu erkennen.

Australian Cattle Dogs als „Movie Stars"

Australian Cattle Dogs gehören als eine Art nationales Markenzeichen zu dem Bild vom toughen, irgendwie derben und bodenständigen, typischen Australier. Das zeigt sich auch daran, dass in vielen australischen Spielfilmen irgendwo ein Cattle Dog auftaucht – nicht immer so ins Auge fallend wie in den nachfolgend aufgezählten Werken, sondern manchmal auch nur als Mitfahrer in einem Ute oder als Begleiter am Pferd. Auch in amerikanischen Filmen, die auf dem Land spielen, sind hin und wieder Cattle Dogs zu entdecken.

Hier eine kleine Filmauswahl für Cattle-Dog-Freunde:

- „Mad Max II – Der Vollstrecker", Australien, 1981: ein echter Kultfilm! In diesem Endzeitscenario begleitet ein nicht besonders großer, aber sehr individuell aussehender und originell agierender Hund mit einer Doppelmaske und mit einem roten Halstuch den Hauptdarsteller Mel Gibson (alias Mad Max). Dieser Cattle Dog heißt als „letzter Hund der Welt" ganz einfach „Dog". Er stirbt gegen Ende des Films einen Heldentod.

- „Ein Ticket für zwei", Amerika, 1987: Die beiden Weltstars Steve Martin und John Candy verbringen in dieser Komödie einen Teil ihrer irrsinnigen Reise zusammen mit einem wachsamen Australian Cattle Dog auf der Ladefläche eines Pick-ups.

Cattle Dog „Dog" trägt in dem Film „Mad Max" ein rotes Halstuch. Fans des Kultfilmes schmücken ihren eigenen Blue Heeler manchmal mit diesem Accessoire.

- „Ein Schweinchen namens Babe", Amerika/Australien, 1995: Hier spielt ein Cattle Dog eine kleine, aber vermeintlich „typgerechte" Rolle als Gegenspieler der braven Border Collies eines Farmers. Der Cattle Dog ist der temperamentvolle Helfer der bösen Viehdiebe. Seine Zeichnung im Gesicht gleicht, passend zu seinem Banditenpart, einer Piratenmaske.

- „Das Tal der letzten Krieger", Amerika, 1995: In dem weltbekannten Film unterstreicht ein Cattle Dog namens Zip die Westernatmosphäre. Obwohl Zip von einem Indianerpfeil getroffen wird, überlebt er dank der Pflege eines indianischen Mädchens und kann gesund und munter am Happy End teilhaben.
- „Der Mann, der Gott verklagte", Australien, 2001: Der Hauptdarsteller Billy Connolly besitzt einen Cattle Dog namens Arthur.
- „Das geheime Fenster", Amerika, 2004: Neben Hauptdarsteller Johnny Depp ist kurze Zeit ein Cattle Dog zu sehen.
- „Brokeback Mountain", Amerika, 2005: Dass in diesem preisgekrönten Film ausgerechnet Australian Cattle Dogs die beiden Protagonisten Heath Ledger und Jake Gyl-

Filmhund Robert am Set – unbeeindruckt von der Geschäftigkeit um ihn herum konzentriert er sich auf seine Trainerin. (Foto: Eileen Giersdorf)

lenhaal bei ihrer Arbeit mit der großen Schafherde unterstützen, ist kein Zufall und auch kein Einfall der Filmcrew – bereits in der zugrunde liegenden Novelle von Annie Proulx wird dieser Job von Blue Heelern erledigt.

Cattle Dogs findet man nicht nur in Spielfilmen, sondern auch in Fernsehserien, beispielsweise in einigen Folgen von „McLeod's Töchter". Malcolm Douglas wurde in der auch bei uns sehr populären Reihe „Unterwegs mit Malcolm Douglas" von einer roten Cattle-Dog-Hündin begleitet, und sogar bei „Crocodile Hunter" Steve Irwin war ein Cattle Dog zu sehen.

Ihrem Titel wird die Polizeiserie „Blue Heelers", die von 1994 bis 2006 im australischen Fernsehen lief, gleich doppelt gerecht. Zum einen wirkte ein Cattle Dog mit, zum anderen bezeichnen die Australier ihre blau uniformierten Polizisten mitunter als „Blue Heeler". Die Serie wurde bisher in zahlreichen Ländern der Erde ausgestrahlt. Das lässt hoffen, dass sie auch auf unseren Fernsehkanälen irgendwann einmal zu sehen sein wird. Zumindest unter den Australian-Cattle-Dog-Fans hätte sie sicher zahlreiche Zuschauer.

Im deutschen Film und Fernsehen

Auch in Deutschland beweist mittlerweile ein Cattle Dog, dass sich diese Rasse wegen ihrer Stressresistenz, ihrer Leichtführigkeit, ihrer Lernbereitschaft und weil diese Hunde so leicht motivierbar sind, besonders für den Einsatz am

Filmset eignet: Mit dem Cattle Dog Robert, der im Jahr 2002 ein Hundecasting in Babelsberg gewann, ist nun auch im deutschsprachigen Film und Fernsehen hin und wieder ein „Blue Heeler" zu sehen. Er spielte kleine Rollen in so bekannten Serien wie „Verliebt in Berlin", „Hinter Gittern" und „Balko", in den Comedy-Serien „Zack" und „Two funny" sowie in dem Kinderfilm „Der verzauberte Otter" und in dem Spielfilm „Der rote Kakadu". Seine Trainerin weiß an Robert zu schätzen, dass er unermüdlich sekundenschnell und zuverlässig auf ihre meist durch Handzeichen und oft aus großer Entfernung gegebenen Kommandos reagiert. Obwohl nicht wenige Filmszenen bis zu 20-mal hintereinander wiederholt werden müssen, bleibt er dabei immer aufmerksam und auf sie konzentriert.

Der „Blue Heeler" in Countrysongs

Vielleicht weil Australian Cattle Dogs mit ihrem für raue Landschaft, raue Männer und schwere, staubige Arbeit in „guter alter Zeit" stehenden Image so gut in die Countryszene passen, werden sie von einigen bekannten modernen australischen und amerikanischen Countrysängern gern als „der beste Kamerad des Cowboys" besungen.

Für alle Cattle-Dog-Fans hörenswerte Titel sind:

- „True Blue Heeler" von Dan Roberts aus dem Album „There's a little Cowboy in all of us".

- „Just an old cattledog" von Slim Dusty zusammen mit Anne Kirkpatrick aus dem Album „Travellin still ... Always will".

- „Blue Heeler" von James Blundell aus dem Album „I shall be released". Dieser Song ist sogar als Video auf der Internetplattform „Youtube" zu finden.

- „Cowdog" von The Prickly Pair aus dem Album „Saddle up and ride".

- „Blue Heeler" von Mary Ann Kennedy aus dem Album „The trail less traveled".

„Red Dog" – ein Romanheld aus „Down Under"

Sogar in die Weltliteratur hat mittlerweile die Geschichte eines in Australien berühmt gewordenen Cattle-Dog-Kelpie-Mischlings Einzug ge-halten. In seinem Buch „Der rote Hund: Eine australische Geschichte" beschreibt der britische Literaturpreisträger Louis de Bernières das Leben eines erstaunlichen vierbeinigen Streuners, den es tatsächlich gegeben hat. Er lebte in der Umgebung des Ortes Dampier in Westaustralien, wo man dem dort allseits bekannten und beliebten „Red Dog", manchmal auch „Tally ho" genannt, nach seinem Tod sogar eine Bronzestatue errichtete.

Über die Autorin

Andrea Kreusch ist Gründungsmitglied des im Jahr 2001 ins Leben gerufenen „Australian Cattle Dog Club Deutschland e. V." und hat den Verein bis 2009 als Erste Vorsitzende auf seinem Weg zum vorläufigen Mitglied als Rassehundezuchtverein im VDH geführt. Sie ist Zuchtwartin

Mit ihm fing alles an. Joe kam 1993 als erster Australian Cattle Dog zur Familie Kreusch und war 13 Jahre lang ein toller Familienhund und Sportpartner. (Foto: Karin Schmidt)

Ayla entwickelte sich vom „roten Teufelchen" zu einer charaktervollen Hündin und liebevollen Mama. Bis ins hohe Alter zeigte sie mit Freude all die vielen Tricks, die sie im Lauf ihres Lebens mit Begeisterung gelernt hatte. (Foto: Karin Schmidt)

für Australian Cattle Dogs und darüber hinaus seit mehr als 20 Jahren in Hundesportvereinen tätig – zunächst aktiv als Agilitytrainerin und Übungsleiterin, dann auch organisatorisch als Initiatorin und Veranstalterin von Hundesportturnieren, Seminaren und von VDH-Spezialzuchtschauen für Australian Cattle Dogs.

Ihre geliebte Rasse züchtet Andrea Kreusch gemeinsam mit ihrem Mann unter dem Zwingernamen, der für ihr Leben seither das Leitmotiv sein könnte: „Cattlemaniac". Sie und ihre ganze Familie begeistern vor allem die scheinbaren Gegensätze, die Cattle Dogs in ihrem Charakter vereinen können: Sie sind temperamentvoll und feinfühlig, selbstständig und anhänglich, wachsam und freundlich, eigenständig und loyal, verschmust und doch ganze Kerle. Im Alltag der Kreuschs sind diese vierbeinigen Individualis-ten eine bereichernde, unterhaltsame und manchmal auch herausfordernde Komponente, die keines der Familienmitglieder mehr missen möchte.

„Cattlemaniac" Australian Cattle Dogs
Andrea und Peter Kreusch
Birsteinstraße 6
65795 Hattersheim
www.cattlemaniac.de

Adressen

Interessante Adressen im Internet

Vereine und Verbände

www.acdcd.de
Australian Cattle Dog Club Deutschland e. V.
(ACDCD e. V.)

www.cattledog-kelpie.ch
Verein für Australische Treib- und Hütehunde
(VATH), Schweiz

www.cattledog-club.at
Australian Cattle Dog Club Österreich

www.vdh.de
Verband für das Deutsche Hundewesen

www.fci.be
Fédération Cynologique Internationale

Andere

www.cattlemaniac.de
Cattlemaniac Australian Cattle Dogs

www.cattledogforum.de
Forum für Australian-Cattle-Dog-Freunde

www.kuawarri.com
Kuawarri-Kennels, Homepage der Cattle-Dog-Züchter und Ausbilder Larry und Marilyn Painter aus Denver, Missouri

www.dingodiscovery.net
Dingo-Forschungszentrum und Rettungsstation in Australien

www.cattledog.com
Eine umfangreiche englischsprachige Internetseite mit Informationen rund um Australian Cattle Dogs

www.dogphotos.de
Tolle Hundefotos von Michèle Spatschke

Zum Weiterlesen

Clark, Noreen:
A Dog called Blue.
Blackheath/N. S. W: WriteLight 2003

de Bernières, Louis:
Der rote Hund:
Eine australische Geschichte. Frankfurt:
Fischer, 2003

Holderegger Walser, Eva:
Australian Cattle Dogs.
Geschichte, Standard und Charakter.
Raat: Eigenverlag, 2006

Holmes, John und Mary:
The Complete Australian Cattle Dog.
Letchworth: Ringpress Books, 1993

Kaleski, Robert:
Australian Barkers and Biters.
Cookhill: Read Country Books, 2005 (Reprint)

Stichwortregister